Thomas Achelis

**Die Entwicklung der Ehe**

Thomas Achelis

**Die Entwicklung der Ehe**

ISBN/EAN: 9783744681834

Hergestellt in Europa, USA, Kanada, Australien, Japan

Cover: Foto ©ninafisch / pixelio.de

Weitere Bücher finden Sie auf **www.hansebooks.com**

# Die Entwicklung der Ehe.

Von

**Th. Achelis.**

# Beiträge

zur

# Volks- und Völkerkunde.

Zweiter Band.

### Die Entwicklung der Ehe.

Von

**Th. Achelis.**

**Berlin,**

Verlag von Emil Felber.

1893.

Die

# Entwicklung der Ehe.

Von

**Th. Achelis.**

**Berlin,**
Verlag von Emil Felber.
1893.

# Inhaltsverzeichnis.

# Einleitung.

Die Geschichte der Familie und insbesondere die Entwicklung der Ehe veranschaulicht, wie kaum ein anderes kulturgeschichtliches Problem, den revolutionär wirkenden Einfluſs der modernen Völkerkunde auf die in dieser Frage beteiligten Wissenschaften. Während bis vor einigen Dezennien noch die alte Theorie von dem durch die Idylle des alten Testaments und durch alle weiteren Analogieen gestützten, fast mit religiösem Nimbus umgebenen Patriarchat unerschüttert feststand, ist im Laufe der Zeit aus allen Winkeln des Erdballs ein so wichtiges und sich in den Einzelheiten derartig ergänzendes Material über das diametral entgegengesetzte Mutterrecht zusammengeströmt, daſs selbst die hartnäckigsten Vertreter der älteren Anschauung die entgegenstehende Hypothese nicht mehr zu ignorieren wagen, sondern lediglich ihre kritische Haltbarkeit in Zweifel zu ziehen suchen. Zwischen diesen beiden Extremen — auf der einen Seite die Entwicklung der Ehe von rein patriarchalischer Struktur aus, wobei das Matriarchat und alle anderen mutterrechtlichen Bildungen als Zersetzungen und Entartungen gelten, und auf der anderen als Anfangspunkt jeder ehelichen Form die Muttergruppe neben einer mehr oder minder groſsen sexuellen Laxheit — eine bunte

Fülle vermittelnder Schattierungen, das ist das in grofsen
Zügen wenig erfreuliche Bild von den verschiedenen
Strömungen und Richtungen, die sich gegenwärtig auf diesem
Felde bekämpfen. In Folgendem soll nun der Versuch gemacht werden, unter Übergehung aller detaillierten, besonders der ethnographischen Fragen jene für die Geschichte
der Menschheit so überaus bedeutsame Entwicklung zu
schildern. Durch diese populäre Fassung soll aber selbstverständlich der Inhalt nicht irgendwie beeinträchtigt werden,
vielmehr wird durch die entsprechenden Hinweise auf die
betreffenden Spezialforschungen jedesmal auch dem sach-
verständigen Leser die Möglichkeit einer genaueren Kritik
und eventuell auch eines anderen Urteils, als das vom Ver-
fasser gefällte, geboten werden. Auf diese Weise hoffen
wir sowohl der Aufklärung (im besten Sinne des Wortes
genommen) als auch der Wissenschaft einen Dienst zu erweisen. Die Meinung nämlich, die man in gewissen Kreisen
unseres Vaterlandes ganz im Gegensatz zu anderen Ländern
mit einer gewissen Vorliebe pflegt, dafs es der wahren
Wissenschaft Abbruch thun könnte, wenn ihre Ergebnisse
auch in weitere Kreise der höheren Bildung dringe, halten
wir für ein zu verzopftes Vorurteil unserer zünftigen Gelehr-
samkeit, als dafs es sich noch darüber weiterer Worte ver-
lohnte. An einem solchen Handbuch aber, das die neuesten
Forschungen zugleich mit berücksichtigt, fehlt es noch zur
Zeit, selbst die Arbeit von Jul. Lippert, Geschichte der
Familie, 1884, kann man mit Rücksicht hierauf in gewissem
Sinne schon in unserer schnelllebigen Zeit veraltet nennen,
und es möchte um so zeitgemäfser sein, weil augenblick-
lich ein gewisser Stillstand in der Forschung eingetreten
und andererseits auch kein nennenswertes Material mehr zu
erwarten ist, das, entgegen den wesentlichsten Zügen der
neueren sociologischen Ansicht, andere zwingende Schlüsse
an die Hand giebt.

## I.

## Die primitive Ehe und die primitive Geschlechtsgenossenschaft.

Für die richtige Bearbeitung unserer Aufgabe ist keine Vorbedingung wichtiger als das zutreffende Verständnis jener ursprünglichen sozialen Bildung, der Keimzelle jeder späteren ethnischen Entwicklung, der Geschlechtsgenossenschaft, die unsere moderne Völkerkunde erst entdeckt hat. Wenn auch soviel der historischen Kritik zuzugestehen ist, daſs wir zur Zeit auf Erden kein derartiges primitives Gebilde anzutreffen vermögen, so sind wir doch imstande, durch vorsichtige Rückschlüsse aus eigenartig bedeutsamen Überresten (von sog. surrivals nach Tylorschem Ausdruck), wie durch Benutzung entsprechender litterarischer Berichte uns etwa folgendes Bild von dieser Association zu entwerfen. Es sind wahrscheinlich nicht sehr umfangreiche Verbände zu gegenseitigem Schutz und Trutz gegründet, und zwar auf der durch die Natur selbst gelegten Basis einer gemeinsamen durch die Stammesmutter repräsentierten Abstammung; charakteristisch ist ihnen ferner ein für unsere Anschauung befremdlicher Kommunismus,

1*

der sich unzweideutig auf das Eigentum bezieht, wahrscheinlich aber auch auf die Frauen und Kinder. Wir
geben nunmehr einem Forscher das Wort, der durch seine
Schrift: Über die Geschlechtsgenossenschaft der Urzeit und
die Entstehung der Ehe, sich das Verdienst erworben hat,
die Aufmerksamkeit der Fachgenossen auf diese merkwür-
dige Association gelenkt zu haben; es ist dies der bekannte
vergleichende Rechtsforscher A. H. P o s t. Seine Darstellung
lautet folgendermafsen: „Der eigentlich historischen Periode
des Völkerlebens, der Periode der Staatenbildung, in welcher
wir leben, und welche mit der Entstehung eines von der
patriarchalischen Basis gelösten Häuptlings- oder König-
tums und mit der Entwicklung von Standesunterschieden
beginnt, geht eine Periode voran, welche wir die friedens-
genossenschaftliche nennen können. Diese Periode ist eine
wahre Urzeit menschlichen Staats- und Rechtslebens, in allen
ihren Institutionen so durchaus fremdartig, dafs auch die
bedeutendsten Entwicklungsunterschiede in der Periode der
Staatenbildung gering erscheinen gegen die Verschieden-
heiten, welche zwischen einer friedensgenossenschaftlichen
und einer staatlichen Institution bestehen. In dieser Urzeit
giebt es keinerlei Staat und keinerlei staatliche Institutionen
im heutigen Sinne; das ganze menschliche Gattungsleben
liegt vielmehr beschlossen in kleinen Schutz- und Trutz-
genossenschaften höchst eigentümlicher Art, welche ursprünglich auf Blutsverwandtschaft, später nach eingetretener
Sefshaftigkeit auf dem Bewohnen eines gemeinsamen Bezirkes
beruhen. Wir können passend die ersten mit dem Namen
Geschlechtsgenossenschaften, die zweiten mit dem Namen
Gau- oder Dinggenossenschaften, beide zusammen mit dem
Namen Friedensgenossenschaften bezeichnen.....
Die ältesten Genossenschaften, von welchen das ganze
menschliche Staats- und Rechtsleben seinen Ausgangspunkt
genommen hat, sind wahrscheinlich Horden von verschiedenem,
jedoch nicht bedeutendem Umfange, in denen Weiber, Kinder
und Gut allen Geschlechtsgenossen gemeinsam gehören, und

in denen ein gewähltes oder durch eine Erbfolgeordnung bestimmtes Oberhaupt eine patriarchalische Gewalt ausübt. Diese Genossenschaften haben nach innen einen gemeinsamen Frieden, dessen Bruch von den übrigen Genossen und namentlich vom Patriarchen gerächt wird, nach aufsen stehen sie als vollständige, völlig souveräne Gebilde in offenem Kampf gegen alle übrigen Menschen, mit denen sie in Berührung kommen. Jeder, der nicht Mitglied der Geschlechtsgenossenschaft ist, ist den Geschlechtsgenossen gegenüber völlig vogelfrei und wird von ihnen nicht anders betrachtet als ein Tier des Waldes, und jede einem Geschlechtsgenossen von einem Fremden zugefügte Unbill wird blutig und mafslos an dem Thäter sowohl als an dessen Blutsfreundschaft gerächt" (a. a. O. S. 3). Ähnlich (obschon die Frage der etwaigen Frauengemeinschaft vorsichtigerweise als eine strittige bezeichnet wird) lautet die Ausführung in einem späteren Werk: „Der Parens und seine Nachkommenschaft leben, so lange sie zusammenbleiben, im wesentlichen nach allen Seiten hin in einer vollständigen Gemeinschaft. Sie bilden nach innen und aufsen eine abgeschlossene soziale Gruppe, in welcher sich die Genossen gegenseitig Leben, Leib und Gut garantieren. Die Losung dieser Gruppe ist nach innen Frieden, nach aufsen Krieg. Der Genosse ist Freund, der Ungenosse Feind. Das Geschlecht lebt in vollständiger Vermögensgemeinschaft. Jagd, Fischfang, Viehzucht, später noch Ackerbau werden gemeinsam betrieben, der Ertrag gemeinsam verzehrt. Jede Forderung eines Genossen ist eine Forderung des Geschlechts, jede Schuld eines Genossen eine Schuld des Geschlechts. Das Geschlecht hat seine eigentümlichen Sitten, seine besondere Sprache, seinen besonderen Kult. Da jedes Geschlecht seinen Ursprung von einem früheren Geschlecht herleitet, welchem auch andere Geschlechter entsprungen sind, so sind Sitte, Sprache und Kult verwandter Geschlechter stets verwandt. Aus der gemeinsamen Urzeit entwickeln sich aber besondere Zweige, und je weiter die

Entfernung vom Stammbaume wird, desto gröfser werden die Abweichungen, so dafs nach einer gewissen Zeit nur noch die Ethnologie imstande ist, den gemeinsamen Ursprung festzustellen, während er in der Erinnerung des Volkes selbst ganz verloren geht. In welchen Formen sich das Familienleben abspielt, und ob diese Formen überall dieselben sind, ist zweifelhaft. Die Frage, ob der allgemeinen Vermögensgemeinschaft der Geschlechter auch überall eine allgemeine Weiber- und Kindergemeinschaft correspondiert, ist zur Zeit noch als eine offene zu bezeichnen. Nach aufsen stehen sich die primitiven Geschlechter im wesentlichen als geschlossene Ganze gegenüber. Jede Missethat, welche von dem Genossen des einen Geschlechts verübt wird, gilt als von Geschlecht zu Geschlecht verübt und führt zum Kriege zwischen den beiden Geschlechtern. Begeht ein Blutsfreund innerhalb des Geschlechts einen Rechtsbruch, so gilt er damit in der Regel als aus dem Geschlecht ausgeschieden. Er wird Ungenosse, Feind und als solcher behandelt". (Grundlagen des Rechts S. 56.)

Im Laufe der Zeit zerfallen diese ursprünglichen Genossenschaften, die, wie gesagt, durch das von der Natur selbst geschürzte Band der Bluteinheit zusammengehalten werden, in kleinere und gröfsere Gruppen mit bald lockerer, bald strafferer Organisation, meist unter der obersten Leitung eines Häuptlings. Diese Verbände finden sich überall auf Erden, bei den Koluschen des amerikanischen Felsengebirges so gut, wie bei den Stämmen Neuseelands oder den Malayen, den meisten kaukasischen Völkerschaften, den Negern, den alten Kelten u. s. w. Diese Verhältnisse sind schon durch das Dämmerlicht der werdenden Geschichte beleuchtet, dagegen lagert über der Struktur jener ursprünglichen Geschlechtsgenossenschaft, sobald es sich um genaueres Detail handelt, tiefe Dunkelheit. Eine besonders viel umstrittene Frage, der wir hier gleich zu Anfang Erwähnung thun müssen, ist die der schrankenlosen Promiscuität oder des Hetärismus, wie es der Begründer dieser

Hypothese Bachofen nennt[1]). Wir können es uns nicht versagen, einige Äußerungen aus dem bekannten Werk des viel geschmähten Verfassers: „Das Mutterrecht" zu entlehnen, ohne selbstverständlich im einzelnen jedesmal die Bürgschaft für die allerdings vielfach über das Ziel hinausschießenden Betrachtungen zu übernehmen[2]). Zuerst ist die Wärme, ja man könnte es fast schwärmerische Begeisterung nennen, bemerkenswert, mit der Bachofen das hohe Lied vom Preise des Weibes anstimmt. „An das Weib knüpft sich (so schreibt er in der Vorrede) die erste Erhebung des Menschengeschlechts, der erste Fortschritt zur Gesittung und zu einem geregelten Dasein, vorzüglich der ersten religiösen Erziehung, an das Weib mithin der Genuß jedes höheren Gutes an. Früher als im Manne erwacht in ihm die Sehnsucht nach Läuterung des Daseins, und in höherem Grade als jener besitzt es die natürliche Fähigkeit, sie herbeizuführen. Sein Werk ist die ganze Gesittung, welche auf die erste Barbarei folgte, seine Gabe wie das Leben, so auch alles, was dessen Wonne bildet, sein die erste Kennt-

---

[1]) In ähnlicher Weise nach ihm Lubbock, Entstehung der Civilisation S. 74 ff., Mc. Lennan, Communal Marriage S. 425 ff., Post, Geschlechtsgenossenschaft S. 88 ff. u. a.

[2]) Übrigens ist es beachtenswert, wie Bachofen trotz der kühnen und nicht immer verläßlichen Schlußfolgerungen, die er aus dem ihm zu Gebote stehenden Material zieht, doch im ganzen eine sehr nüchterne Kritik mit thunlichster Objektivität auszuüben sucht und namentlich sich mit vollem Recht gegen das völlig unangebrachte Beweismittel der persönlichen Wahrscheinlichkeit und Glaubwürdigkeit richtet, wenn er z. B. sagt: „So wenig voreheliche Zustände und die langsamen Fortschritte der Menschheit zu geregelten Familienzuständen in Abrede gestellt werden können, so wenig die Lacedämonier gegen Polyandrie, gegen Übertragung der Frauen und andere Freiheiten im Geschlechtsverkehr eine Verteidigung, wie sie die neuere Zeit für nötig erachtet, in Anspruch genommen haben würden, so thöricht erscheint es überhaupt, die Wahrscheinlichkeit zum Maßstab der Geschichtsschreibung zu erheben und so dasjenige, was seine Kritik nur in sich selbst trägt, von dem Grade der subjektiven Erfahrung und Einsicht abhängig zu machen" (S. 329, vgl. auch Einleitung S. 11).

nis der Naturkräfte, sein die Ahnung und Zusicherung der den Todesschmerz besiegenden Hoffnung." (Vorr. S. 17.) Und ähnlich: „Zu allen Zeiten hat das Weib durch die Richtung seines Geistes auf das Übernatürliche, Göttliche, der Gesetzmäfsigkeit sich entziehende, Wunderbare den gröfsten Einfluſs auf das männliche Geschlecht, die Bildung und Gesittung der Völker ausgeübt. Die besondere Anlage der Frauen zur εὐσέβεια, ihren vorzugsweisen Beruf zur Pflege der Gottesfurcht macht Pythagoras zum Ausgangspunkt seiner Anrede an die Crotoniaten. Wie die erste Offenbarung in so vielen Fällen Frauen anvertraut worden ist, so haben an der Verbreitung der meisten Religionen Frauen den thätigsten, oft kriegerischen, manchmal durch die Macht der sinnlichen Reize geförderten Anteil gewonnen. Älter als der männliche ist die weibliche Prophetin, ausdauernder in der Treue der Bewahrung, stärker im Glauben die weibliche Seele; die Frau, wenn auch schwächer als der Mann, dennoch fähig zu Zeiten, sich weit über ihn emporzuschwingen, konservativer insbesondere auf kultlichem Gebiete und in der Wahrung des Ceremoniells. Überall offenbart sich der Hang des Weibes zur steten Erweiterung seines religiösen Einflusses und jene Begierde nach Bekehrung, welche in dem Gefühl der Schwäche und in dem Stolze der Unterjochung des Stärkeren einen mächtigen Antrieb besitzt" (a. a. O. S. 14).

Mag auch in dieser Schilderung mancher Ausdruck übertrieben sein, so ist doch soviel jedenfalls unbestreitbar — und wir werden später beim Matriarchat noch genauer darauf zurückkommen —, dafs trotz aller bestialen Rohheit und Gefühlshärte sich gerade bei manchen und noch dazu kriegerischen Völkerschaften eine gewisse Verehrung oder wenigstens Ehrerbietung gegen die Frauen, ganz besonders gegen die Mutter zeigt. Erzählt doch noch Nachtigal von den wilden Tuareg, den gefürchteten Wegelagerern in der Sahara, welch eigentümlichen Eindruck es mache, wenn diese mord- und fehdelustigen Räuber sich willig dem Entscheid

einer älteren Frau fügten (Sahara und Sudan II, 675) oder
wie die ebenso kriegliebenden Aulad Soliman, diese weit
und breit gefürchteten Räuber und Halsabschneider im
eigenen Hause völlig machtlos sind. Ähnlich wie die Stellung dieser Regentin in den mohammedanischen Staaten ist
die Würde der Königinmutter im alten Israel-Juda, ganz
besonders aber haben unsere Vorfahren in den Frauen ein
prophetisches und mit göttlichem Glanz umflossenes Wesen
erblickt. So bemerkt Lippert richtig: „Die germanischen
Hausmütter sind es, nach Cäsar, welche durch Lose und
deren Deutung entscheiden, ob die Männer eine Schlacht
annehmen sollen oder nicht. Auch mit diesem Propheten-
amte bleibt sichtlich noch lange ein Rest des Regiments in
der Hand der Frau; geradeso zeugte eine gleiche Zeit der
Urgeschichte auch in Israel-Juda eine Debora, die als Prophetin den Männern die Zeit des Kampfes ansagte, ihre
Waffen zwar nicht führte, aber lenkte. Darum haftet auch
der deutschen Frau noch zur Zeit des Tacitus etwas Heiliges
und Prophetisches an. Sie pflegte aus innerer Anhänglich-
keit und echt konservativem Sinne, aber nicht immer auch
ohne das Bewußstsein des Vorteils dieses Heilige, selbst
in absterbenden Formen noch. Es blieb von jener Seite,
je nach der Kulturstufe gehoben und veredelt, die höhere
religiöse Stimmung, von dieser die Verwertung geheimnis-
voll überlieferter Kultakte zu nützlichen oder auch anderen
Zwecken. Es lebte fort etwas von solcher Heiligkeit, ent-
artet und entstellt, bis es ein konkurrierendes Mönchspriester-
tum jüngster Form zertrat. Warum wütete der Hexen-
hammer gerade gegen die Frauen? Dieser letzte Nachklang
des alten Kampfes durchzittert die Geschichte mit einem
häßlichen Ton. Immer noch aber leben bescheiden und
geräuschlos die weisen Frauen und Besprecherinnen" (Geschichte der Familie S. 58).

Aber was, so wird man mit Recht fragen, hat diese
Wertschätzung der Frauen mit jener angeblich schrankenlosen Promiscuität zu schaffen, der Sumpfzeugung, wie Bach-

ofen sie nennt, welche den Anfangspunkt für die Entwicklung der Ehe gebildet haben soll? In der That ist diese ganze Konstruktion des verstorbenen Berner Gelehrten, der in der Gynäkokratie eine spezifische Reaktion des Weibes gegen die brutale Knechtung des Mannes erblickt, und zwar eine von den reinsten sittlichen Motiven beherrschte, höchst bedenklich; ob überhaupt aber die Anschauung: „Das demetrische Prinzip erscheint als die Beeinträchtigung eines entgegengesetzten, ursprünglicheren, die Ehe selbst als Verletzung eines Religionsgebotes. Dieses Verhältnis, so unbegreiflich es unserem heutigen Bewufstsein entgegentreten mag, hat doch das Zeugnis der Geschichte auf seiner Seite und vermag allein eine Reihe höchst merkwürdiger, in ihrem wahren Zusammenhang noch nie erkannter Erscheinungen befriedigend zu erklären. Nur aus ihnen erläutert sich der Grundgedanke, dafs die Ehe eine Sühne jener Gottheit verlangt, deren Gesetz sie durch ihre Ausschliefslichkeit verletzt" (Mutterrecht S. 18), kritisch zu halten ist, trotzdem sich dann die Tempelprostitution, das Jus primae noctis und andere seltsame Einrichtungen sehr leicht erklären und trotz der bekannten Nachrichten aus dem Altertum über gänzlich ehelose Zustände bei gewissen Völkerschaften, möchte doch vor der Hand noch zu beanstanden sein[1]). Zunächst ist es ganz und gar unmöglich, die Universalität dieser Entwicklungsstufe inductiv nachzuweisen; vielmehr sind die Nachrichten viel zu spärlich und fragmentarisch, um einen solchen systematischen Aufbau zu ermöglichen. Dagegen ist an einer weitgehenden geschlechtlichen Lockerheit in den primitiven Verhältnissen nicht zu zweifeln, die sich sogar gelegentlich zu einer beschränkten Promiscuität für gewisse Schichten der Be-

---

[1]) Vgl. C. N. Starcke, Die primitive Familie, Leipzig, Brockhaus 1888 S. 20 ff., Post, Studien zur Entwicklungsgeschichte des Familienrechts, Oldenburg 1889 S. 58 u. a. Andern Mac Lennan, der die angebliche Promiscuität in unmittelbare Beziehung mit der Polyandrie bringt, vgl. Studies in Ancient History, London 1876, besonders S. 139 ff.

völkerung steigert. So hatten bei den Tottiars in Indien
Brüder, Onkel und Neffen ihre Frauen gemeinsam. Oder
bei den alten Britanniern hatten nach Cäsars Angabe
10 bis 12 Männer ihre Frauen gemeinsam und zwar namentlich Brüder mit Brüdern und Eltern mit Kindern. Die
Kinder einer solchen Gruppe gelten dann als Kinder desjenigen, der die Frau zuerst heimgeführt hatte (vgl. Post,
Familienrecht S. 57). Aber, wie ersichtlich ist hier das
Prinzip einer völlig ungebundenen Geschlechtsmischung schon
abgeschwächt, es handelt sich um die sogenannten Haus-
gemeinschaften und die damit unmittelbar zusammenhängen-
den Gruppenehen. Sodann ist es häufig mehr als fraglich,
ob wir es bei solchen völlig ehelosen Zuständen nicht mit
Rückbildungen und lokalen Zersetzungen zu thun haben,
so dafs wir nicht befugt sind, irgend ein allgemein gültiges
Gesetz darauf hinzu konstruieren. Endlich ist, wie schon
gelegentlich bemerkt, der Ausdruck Hetärismus (an den
man sich freilich nicht mit Peschel aus ästhetischen Rück-
sichten zu stofsen braucht, vgl. Völkerkunde S. 228) deshalb nicht passend gewählt, weil dasselbe ja schon seinem
Begriff nach die Norm einer regulären Ehe voraussetzt.
Auch die früher häufig verwendeten negativen Instanzen,
d. h. der Mangel zutreffender Bezeichnungen für die individuelle Ehe bei manchen Völkern, wie z. B. bei den Busch-
männern, einigen brasilianischen Indianerstämmen u. s. w.,
können nicht, wie Ratzel es gegenüber der Sprache und
Religion richtig hervorhebt (Völkerkunde I 25, und 31 ff.),
ausschlaggebend sein, schon aus dem einfachen Grunde nicht,
weil nur die mangelnde logische Schulung und Unterscheidung dadurch wahrscheinlich gemacht wird. Es liegt hier
schliefslich dieselbe Voreiligkeit in der Methode vor, die
seiner Zeit bekanntlich den genialen Lazarus Geiger zu den
glänzenden Fehlschlüssen auf dem, freilich von ihm neu
entdeckten Gebiete der prähistorischen Farbenlehre verführte[1]).

---

[1]) Ganz unumwunden gesteht Post zu: „Der Urzustand einer reinen
Weibergemeinschaft mit Ausschlufs irgend eines Verhältnisses zwischen

Das einzig detaillierte Beispiel, das mit urkundlicher Sicherheit den Mangel eines individuellen Ehebündnisses gegenwärtig erkennen läfst, findet sich bei den Nairs, der vornehmen Adelskaste an der Malabarküste, die nach matriarchalischem Prinzip leben. Post schildert diese eigentümliche Bildung so: „Weder der Naire noch die Nairin anerkennt irgend eine die freie Befriedigung des Geschlechtslebens hemmende Schranke. Die Frauen sind gemeinsam. Jede Nairin verbündet sich mit zehn oder zwölf Männern, ohne dadurch das Recht einzubüfsen, auch andere Besuche zu empfangen; jedes Verhältnis ist jeden Augenblick lösbar. Ebenso kann der Mann sich nach Belieben an einer Mehrzahl polyandrischer Kreise beteiligen. Diese ehelichen Verbindungen sind so lose, dafs kein Naire mit einer seiner Frauen zusammen wohnt oder bei ihr Mahlzeit geniefst, und jeder seinen Kleidervorrat auf die mehreren Häuser verteilt. Die Kinder, welche aus solchen Verbindungen entstehen, fallen stets in die Familie der Mutter; sie sind die Kinder ihres mütterlichen Onkels, während der leibliche Vater unter Umständen wieder der Vater der Kinder seiner Schwester ist. Die Familie steht unter der Mutter, nach deren Tode unter der ältesten Schwester. Brüder leben gewöhnlich unter einem Dach. Separiert sich einer derselben, so begleitet ihn seine Lieblingsschwester. Das bewegliche Eigentum eines Mannes wird nach seinem Tode unter seine Schwestersöhne geteilt; Land fällt in die Verwaltung des ältesten männlichen Mitgliedes der Familie. Es findet zwar nominell eine Hochzeit zwischen einem einzelnen Nairen und einer einzelnen Nairin statt; jedoch wohnen die Eheleute höchstens vier Tage im Hause der Brautmutter, und länger dauert auch ihr geschlechtlicher Umgang nicht. Jeder spä-

---

einem einzelnen Mann und einem einzelnen Weibe findet sich zur Zeit auf der Erde nur noch äufserst selten, vielleicht rein gar nicht mehr. Es sind nur Rückschlüsse aus späteren Zuständen, welche auf die Annahme einer solchen Stufe in früherer Zeit leiten, und die Zeugnisse von Schriftstellern aus ferner Vergangenheit" (Geschlechtsgenoss. S. 17).

tere Verkehr zwischen denselben ist anstöfsig und unehren-
haft" (Familienrecht S. 56).

Wenn wir somit einerseits uns der Hypothese von der
schrankenlosen Promiscuität als universellen Ausgangs-
punktes für die Entwicklung der Ehe nicht anzuschliefsen
vermögen, so müssen wir doch anderseits die Thatsache be-
tonen, dafs zufolge der niedrigen Gesittung von irgend
welcher Wertschätzung ehelicher Treue und Keuschheit,
ja überhaupt von monogamischen Zuständen nicht die Rede
sein kann. In dieser Beziehung können wir nur vollständig den beherzigenswerten Ausführungen Bachofens zustimmen, der davor warnt, unsere heutigen Anschauungen und
Gefühle als Mafsstab für die Entscheidung ethnologischer
Probleme zu verwenden: „Dem Adel der menschlichen
Natur und ihrer höheren Bestimmung scheint die Ausschliefslichkeit der ehelichen Verbindung so verwandt und so un-
entbehrlich, dafs sie von den Meisten als Urzustand betrachtet,
die Behauptung tieferer, ganz ungeregelter Geschlechts-
verhältnisse, als traurige Verirrung nutzloser Spekulationen
über die Anfänge des menschlichen Daseins in das Reich
der Träume verwiesen wurde. Wer möchte nicht gern
dieser Meinung sich anschliefsen und unserem Geschlecht
die schmerzliche Erinnerung einer so unwürdigen Kindheit
ersparen? Aber die Zeugnisse der Geschichte verbieten,
den Einflüsterungen des Stolzes und der Eigenliebe Gehör
zu geben und den äufserst langsamen Fortschritt der Menschheit zu ehelicher Gesittung in Zweifel zu ziehen. Mit er-
drückendem Gewicht dringt die Phalanx völlig historischer
Nachrichten auf uns ein, und macht jeden Widerstand, jede
Verteidigung unmöglich u. s. w." (a. a. O. S. 18). Dem
gegenüber nimmt sich eine Behauptung, wie die von Starcke:
„Ohne Zweifel sind die primitiven Verbindungen monogam
gewesen, weil es an Motiven, mehrere Weiber zu wünschen,
fehlte" (a. a. O. S. 276), sehr seltsam aus. Aufserdem sind
die verschiedenen Thatsachen, die sich bei den einzelnen
Völkern der Erde in Bezug auf ursprüngliche geschlecht-

liche Ungebundenheit finden, nicht ohne weiteres zu beseitigen. Es möge genügen, einiges dahin gehöriges Material anzuführen. Die seltsame Sitte der Australier, bei besonderen Unglücksfällen, Krankheiten und verheerenden Seuchen vorübergehend zur allgemeinen Promiscuität zurückzukehren, läfst sich wohl nur erklären, wenn man die primitive Grundanschauung berücksichtigt, dafs die individuelle Ehe eigentlich naturwidrig sei. Dahin gehört offenbar auch die so weit verbreitete, bis in verhältnismäfsig hohe Kulturstufen hineinreichende Tempelprostitution. Ferner ist die bekannte Freiheit der durch hohe Geburt hervorragenden Frauen (Prinzessinnen und Königinnen), sich nach Belieben Männer auszuwählen und mit ihnen eine Zeit lang zu leben, dieser Auffassung entsprungen, ebenso wie der aufsereheliche Verkehr der jungen Mädchen vor ihrer Verheiratung, obwohl es hier häufig der Zustimmung des Vaters bedarf. So in den japanischen Theehäusern oder in all den zahlreichen Fällen, wo es sich um die durch den geschlechtlichen Verkehr zu erzielende Mitgift seitens der späteren Braut handelt. Oft gilt es dann für eine besondere Ehre, sich möglichst zahlreiche Liebhaber nehmen zu können, da eine solche Braut von den Jünglingen für die Ehe sehr bevorzugt wird, womit sich die Anschauung verbindet, dafs ein Mädchen, welches schon Kinder geboren, ihrer Fruchtbarkeit halber gleichfalls anderen vorgeht[1]). Bemerkenswert endlich ist die schon durch die eben gegebenen Mitteilungen erklärte Erscheinung, dafs den Stammesgenossen ein Anrecht auf die Braut eines bestimmten Mannes zusteht, was denn in den bekannten orgiastischen Hochzeitsgebräuchen seinen realen Ausdruck findet; es kann deshalb z. B. an der Loangoküste sich kein Mädchen eher verheiraten, als bis es nicht als Gemeingut ausgeboten ist, weswegen die Braut oft verpflichtet ist, sich den Stammesgenossen des Mannes in der Hochzeitsnacht preiszugeben.

---

[1]) Auch jetzt sind z. B. in Bayern solche Anschauungen noch anzutreffen, wie Hellwald berichtet (Geschichte der Familie S. 223).

Diese Erscheinungen, die durch zahlreiche, über die verschiedensten Völkerschaften sich erstreckende Thatsachen belegt werden können, haben den bekannten vergleichenden Rechtsforscher Post zu der Aufstellung von Ehen geführt, welche der streng individuellen Vereinigung zwischen einem einzelnen Mann und einer einzelnen Frau diametral gegenüberstehen, den sog. Gruppenehen. Er begründet seine Theorie so: „Man stöfst im ethnologischen Gebiet auf Gedankenkreise, welche im Gegensatz stehen zu allen individuellen Eheformen. Der Grundgedanke scheint der zu sein, dafs jeder Mann und jedes Weib schon durch die Geburt bestimmt ist zum geschlechtlichen Verkehr mit einer Gruppe von Weibern oder Männern, so dafs dieser Verkehr nicht verboten ist, ohne dafs er jedoch thatsächlich zu erfolgen brauchte. Das ist ein Gedanke, der etwas ganz anderes ist, als eine Ehe, eine Vereinigung zwischen Mann und Weib, sei es auf Grund einer Gewaltthat, sei es auf Grund eines Vertrages zwischen den Familien, den Familienoberhäuptern oder den Ehegatten selbst . . . Solche Gruppenehen kommen thatsächlich vereinzelt vor, und es giebt eine Reihe von ethnologischen Thatsachen, welche auf die frühere Existenz derartiger Zustände zurückdeuten. Auf diese Gruppenehen wird sich meiner Ansicht nach die Promiscuitätstheorie zu beschränken haben. Ganz lose eheliche Verhältnisse zwischen Mann und Weib, auch wenn sie jederzeit nach Willkür jedes Ehegatten gelöst werden können, sind gegenüber festeren ehelichen Verhältnissen nichts Besonderes und rechtfertigen es nicht, für die Urzeit einen besonderen Zustand der Promiscuität anzunehmen, der im Gegensatz stände zu den späteren Eheverhältnissen der Menschheit" (Ausland 1891, S. 842, No. 43). Diese Gruppenehen, die am klarsten in Australien ausgeprägt sind, und zwar als exogene, gehören den geschlechterrechtlichen Verbänden an, die meist mit Stammesabteilungen, Totemfamilien u. s. w. bezeichnet werden. Der geschlechtliche Verkehr zwischen den beiden Geschlechtern spaltet sich nach dem grund-

legenden Schema der Endogamie und Exogamie, d. h. nach
dem Prinzip, welches den Verkehr zwischen den Stammesgenossen befiehlt oder gerade umgekehrt verbietet. Nur
ist die endogene Gruppenehe kaum noch recht für uns erkennbar, weil sie durch andere Formen vielfach überwuchert
ist; deshalb veranschaulicht Post die Struktur dieser Gruppenehen an dem Beispiel australischer Stämme, die exogamisch
leben, die also nicht innerhalb ihres Stammes heiraten dürfen.
„Die Eingeborenen des Distrikts Mount Gambier bilden
einen Stamm, der sich in zwei Gruppen teilt, Kumite und
Kroki. Jede dieser Gruppen besteht aus Männern und
Frauen. Eine Heirat innerhalb derselben Gruppe ist streng
verboten. Dabei gilt jeder Kumite von Rechts wegen als
Gatte jeder Kroki und jeder Kroki von Rechts wegen als
Gatte jeder Kumite. Die von einer Kroki geborenen Kinder
sind Kroki, die von einer Kumite geborenen Kinder Kumite.
Diese Gruppen wohnen gemischt in denselben Dörfern und
weit verstreut über Tausende von Meilen. Ein wirkliches
eheliches Zusammenleben dieser vielen durch die Geburt
für einander bestimmten Gatten findet jedoch selbstverständlich nicht statt. Eine Frau lebt heute mit einem Mann,
morgen mit einem oder mehreren anderen. Meistens stellt
sich thatsächlich das eheliche Leben als eine laxe polygynische Ehe dar. Bei manchen australischen Stämmen sind
auch die Frauen ziemlich monopolisiert durch die älteren
Leute, welche sie nur bei bestimmten Festen den jüngeren
Stammesgenossen preisgeben. Es kann auch demjenigen,
der sich eine Frau vorübergehend allein angeeignet hat,
diese von einem anderen geraubt werden, der sie dann
wieder so lange behält, bis der frühere Ehemann oder ein
dritter sie ihm wieder raubt. Dabei ist charakteristisch,
daſs die Geraubte zu der Klasse gehören muſs, für welche
der Räuber Ehemann ist. Es gehört auch da, wo eine individuelle Appropriation eines Weibes stattgefunden hat,
zur Gastfreundschaft, dem Gastfreunde sein Weib anzubieten;
aber auch dies darf nur geschehen innerhalb des gebotenen

Klassenverhältnisses" (a. a. O. S. 842). Daneben kommen
nun auch schon individuelle Eheformen vor, auch so, dafs
sich beide Arten durchkreuzen, und dieselben Männer und
Frauen, die schon durch ein spezielles Band miteinander
verknüpft sind, mit beliebig vielen anderen Stammesgenossen
verheiratet sind, wobei es, wie Post bemerkt, sehr bedeutsam ist, dafs, bevor ein solcher individueller Ehebund sti-
puliert wird, während vier Stunden allgemeine Promiscuität
herrscht[1]).

Die meisten besonnenen ethnologischen Forscher haben somit neuerdings von der früher häufig unbedenklich vorgetrage-
nen Hypothese einer schrankenlosen, auf alle Völkerschaften
ohne Unterschied zu erstreckenden und damit an den Anfang der ehelichen Entwicklung zu setzenden Promiscuität
mit Recht Abstand genommen. Es mag genügen, noch zwei
andere namhafte Autoritäten anzuführen, Letourneau und
Giraud-Teulon. Der bekannte Pariser Professor stellt das
völlige Fehlen jedes ehelichen Verhältnisses als Ausnahme-
zustand hin, indem er bemerkt: „En scrutant les faits, en
négligeant pas de consulter la sociologie animal, on en ar-
rive à conclure que la promiscuité humaine n'a pu être
que rare et exceptionelle, que la théorie de la communauté
des femmes et de l'hétairisme obligatoire ne supporte pas
l'examen". (L'évolution du mariage et de la famille, Paris
1888, S. 67, vgl. S. 48.) Selbstredend wird aber die grofse
sittliche Laxheit vor der Ehe und die schon erwähnten Zustände der religiösen Prostitution (die Lippert etwas ten-
denziös ausbeutet, vgl. Geschichte der Familie S. 171 und

---

[1]) Kohler, der von den Australnegern sagt: „Sicher sind die Austral-
neger von promiscuen Eheverhältnissen ausgegangen, d. h. von Eheverhältnissen, bei welchen nicht ein Mann mehrere Frauen und nicht eine
Frau mehrere Männer, sondern eine Mehrheit von Männern promiscue
eine Mehrheit von Frauen hat, so dafs alle Männer eines Familienganzen
mit den Frauen eines anderen Familienganzen Umgang haben; und dies
nicht etwa de facto, sondern de jure, nicht als mifsbräuchlicher faktischer
Zustand, sondern kraft anerkannten rechtlich gebilligten Verhältnisses"
(Zeitschr. f. vgl. Rechtswissensch. 7, S. 325 ff., bei Post, Familienrecht. S. 57).

Kulturgeschichte I, 87), rückhaltslos zugestanden, obwohl
ein Unterschied zwischen den Lastern einer raffinierten
Civilisation festgehalten wird: „Entre la grossièreté moral
du sauvage et la dépravation raffinéc la ressemblance est
toute superficielle. Qui songe à trouver choquantes les
mœurs des animaux? Or celles, de l'homme primitif sont
tout aussi innocentes et la brutalité du sauvage n'a rien de
commun avec la regression morale du civilisé atteint de
déchéance. Avec l'aide du temps et d'une culture con-
venable la posterité du sauvage pourra s'affiner moralement,
car il y a là des forces vives encore intactes. L'homme
primitif est veuf encore et il possède nombre d'énérgies la-
tentes, suceptibles de développement. En résumé, le sauvage est un enfant, le civilisé, moralement déchu, est un
vieillard caduc" (a. a. O. S. 88). Ebenso hält der Genfer
Gelehrte an einem anfänglichen, chaotischen Hordenzustand
der menschlichen Gesellschaft fest: „Les premières agglomé-
rations humaines paraissaient avoir généralement vécu dans
un état de profonde sauvagerie, où rien ne rappelle le sédui-
sant tableau de l'âge d'or des poètes et les annales de notre
espèce, étudiées sans désir d'illusion, témoignent que l'homme,
avant d'atteindre une civilisation quelconque, a dû subir un
long et cruel noviciat de barbarie, traverser une véritable
période zoologique. L'homme de prêture favorisée de l'ère
patriarcale, vivant au sein d'une paisible communauté pasto-
rale, entouré d'épouses et d'enfants qui lui obéissent et le
vénèrent etc." (Giraud-Teulon, Les origines de la famille,
Genève et Paris 1874 S. 48). Und betreffs der Promiscuität: „Si la promiscuité n'a pas été le point le depart obligé
de toutes les races, elle paraît du moins l'avoir été pour un
nombre considérable d'entre elles, et le plus souvent chez
les nations barbares le principe de la famille n'a pu se
développer que sur un fonds primitif préalable de commu-
nisme. Or, au sortir de l'état de confusion originaire, les
premiers hommes n'eurent d'autre moyen, pour apprécier
leur état civil reciproque que de recourir au fait toujours

certain de leur naissauce maternelle: la filiation par le père
n'offrait qu'incertitude, tandisqu'au contraire l'issue du
sein maternel et le bien matériel du cordon ombilical four-
nissaient le criterium le plus certain pour déterminer la
famille de parents, c'est-à-dire, le groupe relié par une des-
cendance physique. La maternité est toujours une donnée
indiscutable et la seule; la paternité au contraire une simple
fiction juridique" etc. (S. 53).

Ehe wir dieses immerhin noch unsichere Terrain verlassen, müssen wir noch kurz der Ansicht des Altmeisters
der Ethnologie, Ad. Bastian's gedenken, der ebenfalls
von dem losen Konglomerat einer Horde als Primärzelle
für jede weitere soziale Entwicklung ausgeht. Welche von
der Natur selbst, ohne jedes Zuthun des Menschen bedingto
Unterschiede in dieser anscheinend völlig formlosen Masse
drängen sich der Betrachtung auf? Es sind ihrer zwei,
die Geschlechtsdifferenz und die Altersstufen. Daher finden
wir auch überall auf den einfachsten Stufen ethnischer Organisation die scharf abgesonderten Versammlungen und
Vereinigungen der Männer und Frauen (z. B. den Clobber-
gölls in Australien). Was wird nun die Folge dieser Gegensätze sein? Es bricht ein Streit zwischen den Männern
über den Besitz der Weiber aus; während die stärksten
und eben ihrer physischen Übermacht wegen dominierenden
sich naturgemäfs der schönsten und begehrenswertesten ver-
sichern, sehen sich die Jünglinge, in denen der geschlechtliche Reiz noch stärker entwickelt ist, um ihren Anteil be-
trogen; sie thun sich deshalb zu einem gemeinsamen Raubzug
zusammen nach einem fremden Stamm. Auf diese heim-
gebrachte Beute haben sie als peculium castrense, wie der
klassische Ausdruck lautet, ein persönliches Anrecht inmitten
des angeblich schrankenlosen geschlechtlichen Kommunismus,
der sie umgiebt. Später, nachdem in Strömen von Blut
und unendlichen Rachekriegen diese Überfälle und Rechts-
brüche geahndet sind und mit dem Kommercium zugleich
ein regelmäfsiges Konnubium geschlossen und somit die

2*

Grundlage zu einem friedlichen Verkehr und Leben gelegt
ist, wird dann der brutale Act des Raubes durch die mildere
Form des Kaufes abgelöst. Als ein sehr bedeutsames Symp-
tom früherer Anschauungen und Sitten aber muſs es bezeichnet werden, daſs die aus solcher Ehe entsprossenen
Kinder nicht dem Vater folgen, sondern der Mutter, nicht
dem Stamm, in den sie eintreten, sondern dem früheren,
dem ihrer Mutter angehören (dem Totem der Indianer, dem
Kobong in Australien). (Vgl. Verhandlungen der Gesellschaft für Anthropologie etc. 1886, S. 334 ff., und im allgemeinen Zeitschrift für Ethnologie 6, S. 383 ff., endlich das
Buch: Die Welt in ihren Spiegelungen unter dem Wandel
des Völkergedankens, Berlin 1887, S. 457.)

Endlich bedarf es noch einer kurzen Erläuterung der
bereits verschiedentlich verwendeten Ausdrücke: Endogen
und Exogen, die für die ursprüngliche Struktur der Geschlechtsgenossenschaft charakteristisch sind. Die Namen
erklären sich übrigens von selbst; von endogenen Verhältnissen sprechen wir bei Völkerschaften, die unter sich heiraten, während umgekehrt die Exogamie bei denjenigen
Stämmen besteht, die ihre Frauen anderen Verbänden entnehmen. Der Rahmen für dieses Gebot und Verbot schwankt
wieder auſserordentlich; bald ist es verboten, innerhalb derselben Familie oder eines sonst irgendwie engeren Bezirkes
von Blutsverwandten oder einer weiteren Sphäre zu heiraten,
(so ist z. B. in Indien die Kaste eine solche Grenze), bald
ist es gerade umgekehrt verboten, auſserhalb der Familie
zu heiraten, und anderseits wieder auſserhalb der Kaste.
Bei dem indianischen Stamm des Wyandots verhält es sich
nach Post folgendermaſsen: „Bei ihnen ist die Heirat zwischen Mitgliedern derselben (auf Mutterverwandtschaft gestützten) gens verboten, dagegen ist die Heirat zwischen Personen verschiedener durch Vaterverwandtschaft miteinander
verbundener gentes gestattet. Ein Mann kann daher die
Tochter seiner Mutterschwester nicht heiraten, weil diese zu
seiner gens gehört, wohl aber die Tochter seiner Vater-

schwester, weil diese wieder einer anderen gens angehört.
Aufserhalb des Stammes darf niemand heiraten. Soll ein
Weib, welches dem Stamme nicht angehört, von einem
Manne geheiratet werden, so mufs sie erst von einer Familie
des Stammes adoptiert werden, welche nicht zu der gens
des Mannes gehört, und will ein Weib aufserhalb des
Stammes heiraten, so mufs dieser Mann erst von einer
Familie einer gens adoptiert werden, welche nicht die gens
des Weibes ist. Es wird also in solchen Fällen eine künstliche Verwandtschaft geschaffen, um das für den Stamm
gültige endogene Prinzip zu umgehen" (Grundlagen des
Rechts, Oldenburg 1884, S. 247). Geht man von der durch
die Natur gebotenen Anschauung aus, dafs ursprünglich
jeder Stamm mehr oder minder streng isoliert von anderen
lebt, so ist die Endogamie der normale Zustand. Der durch
die Kultur und eine feinere Gesittung gezüchtete Gedanke
einer verabscheuungswürdigen Vereinigung sehr naher, bluts-
verwandter Personen scheint der Urzeit ganz zu fehlen;
umgekehrt (namentlich wo es sich um Häuptlinge und Fürst-
lichkeiten handelt) ist gerade die Ehe zwischen engen Blutsverwandten etwas Gewöhnliches, man könnte fast sagen ein
Gesetz, das noch dazu eines gewissen religiösen Nimbus
nicht entbehrt. Es ist bekannt, wie weit in die Epochen
geschichtlicher Entwicklung (man denke nur an die Ägypter
und Perser!) diese Anschauung hineingereicht hat. Vergegenwärtigen mufs man sich aber immer, dafs bei dem
ungeregelten ehelichen Verkehr der Urzeit ein bestimmtes,
rechtlich geordnetes Verhältnis zwischen dem einen Ehegatten und den Verwandten des anderen noch nicht bestanden haben kann. Das exogamische Prinzip stellt das
diametral entgegengesetzte Abbild des endogamischen dar;
das Gewöhnlichste ist, dafs sich Mitglieder desselben Stammes und Geschlechtes nicht heiraten dürfen, aber eben die
einzelnen Grenzen dieser Bestimmung schwanken ganz
aufserordentlich. Bemerkenswert ist es, dafs überall, wo
die Exogamie zur festen Volkssitte geworden ist, jeder Ver-

stofs gegen dieselbe als ein schweres Sacrilegium gilt — es
zeigt sich hier wieder die innige Verbindung zwischen Recht
und Religion. Bei den Batak auf Sumatra (berichtet Post)
wird z. B. die Ehe im Stamme mit dem Tode und Gefressenwerden bestraft. Bei den Bewohnern des König-Georgsundes
in Australien, welche aus den Klassen Erniung und Tem
(Tuaman) bestehen, die untereinander heiraten, folgt schwere
Strafe, wenn sich zwei Individuen aus derselben Klasse
heiraten. Bei den Khands wird eine Heirat unter Personen
desselben Stammes als Incest betrachtet und mit dem Tode
bestraft. Bei den Tscherkessen war die Heirat in der
eigenen Brüderschaft früher bei Strafe des Ertränkens untersagt; neuerdings ist darauf eine Bufse von 200 Ochsen und
Rückgabe des Weibes gesetzt. Auch bei nordamerikanischen
Indianern wird die endogene Ehe als Incest angesehen und
mit dem Tode bestraft (Familienrecht S. 86). Beide Formen
aber sind nur Ausflüsse der Geschlechtsverfassung und verschwinden deshalb mit deren Zerfall, beide sind deshalb
auch nicht etwa durch die ethnographische Eigenart der
Völkerschaften bedingt, sondern eben nur durch die Art
ihrer sozialen Organisation. Schliefslich möge hier ein
zusammenfassendes Resumé von Post Platz finden: „Überblickt man das Gesamtgebiet des Volkslebens, so findet man
hinsichtlich des Ehehindernisses der Blutsverwandtschaft alle
Möglichkeiten erschöpft. Von dem gänzlichen Mangel eines
solchen Ehehindernisses bei endogenem Leben bis zum Verbot der Heirat zwischen den Stammesgenossen entferntester
Grade finden sich alle Mittelstufen vertreten. Bald ist nur
die Heirat zwischen Ascendenten und Descendenten verboten, bald reicht das Eheverbot bis zu den Geschwistern,
bald bis zu weiteren Verwandtengraden. Daneben finden
sich noch Unterschiede gemacht zwischen Verwandten väterlicherseits und mütterlicherseits, welche auf dem Verhältnis
der Mutterverwandtschaft und Vaterverwandtschaft beruhen.
Wo das System der Mutterverwandtschaft noch ungetrübt
herrscht, ist die Vaterverwandtschaft überhaupt kein Ehe-

hindernis; wo das System der Vaterverwandtschaft ausschliefslich gilt, ist die Verwandtschaft durch die Mutterseite kein Ehehindernis. Wo sich gemischte Systeme bilden oder eine Verwandtschaft entsteht, nach welchem durch beide Eltern die Verwandtschaft vermittelt wird, finden sich wohl verschiedene Verwandtschaftsgrade für die Mutter- und für die Vaterverwandtschaft, je nachdem die eine oder die andere überwiegt" (Grundlagen S. 249).

## II.

## Individuelle Ehen.

＊

ie Unsicherheit und Lückenhaftigkeit des Materials, welche vielfach für die Urzustände der menschlichen Gesellschaft so stark hervortritt, dafs man sich öfter nur mit einem negativen Resultat begnügen mufs, beginnt erst einigermafsen sich zu verlieren, wenn wir aus jenem wüsten Chaos kommunaler und völlig regelloser ehelicher Verbindungen zu Verhältnissen gelangen, welche zwischen einzelnen Personen mit mehr oder minder dauerhafter Gültigkeit und Verbindlichkeit bestehen. Die Entwicklungsgeschichte des Individuums beginnt sich aus diesem gärenden Prozefs allmählig abzuklären und damit sich die Grundlagen vorzubereiten, auf denen unsere heutige Gesittung und Weltanschauung beruht. Aber auch hier vollzieht sich diese Bewegung nur langsam und durch manche Rückfälle in die frühere Anarchie unterbrochen, und es wäre völlig unangebracht, schon unsere moralischen Empfindungen und Anforderungen als entscheidende Kriterien für unser Urteil anwenden zu wollen. Die Ethnologie erspart uns auf keiner Stufe der sozialen Entwicklung die heilsame Beschränkung unserer individuellen Meinungen und Neigungen und lehrt uns damit erst das wirkliche Verständnis des sozialen Wachstums der Menschheit und der diesen ganzen Zusammenhang beherrschenden Gesetze.

Diese Vorsicht und Entsagung ist einer doctrinären Tendenz gegenüber umsomehr am Platze, welche im schroffen Gegensatz zu jeder entwicklungsgeschichtlichen Auffassung an dem spezifisch modernen Begriff der Ehe festhält. Die Ansätze zu der späteren wohlbekannten Gestalt ehelicher Verhältnisse sind freilich mitunter recht mangelhaft und schwer erkennbar; bei manchen Stämmen werden die Verbindungen so lose und so gänzlich ohne jede Beobachtung eines Ceremoniells eingegangen, daſs die Auflösung der so flüchtig geknüpften Beziehung ebenso anstandslos vor sich geht. So berichtet Post von einigen afrikanischen Völkerschaften: „So ist z. B. die Ehe in Abessinien eine rein konventionelle Verbindung, welche so lange besteht, als beide Teile damit zufrieden sind, und sobald dies nicht mehr der Fall ist, ohne Zuthun der Obrigkeit aufgelöst wird. Sie wird auch, so oft beide Teile wollen, wieder erneuert. Die Auflösung geschieht aus den nichtigsten Gründen. In früherer Zeit war es üblich, bei den Heiraten durch besondere Ehestiftungen eine Buſse zu bestimmen, welche der die Ehe grundlos auflösende Ehegatte dem anderen zu zahlen hatte. Man suchte aber auch hier nach den nichtigsten Gründen, um sich der Buſse zu entziehen. Bei den Amaxosa giebt es neben der Ehe ein Konkubinat, ein lockeres Verhältnis mit einem Mädchen aus niederem Stande, welche oft von vornherein nur auf bestimmte Zeit eingegangen wird. Die Denga wechseln mit der gröſsten Leichtigkeit ihre Frauen. Der Mann jagt seine Frau fort, wenn sie ihm nicht mehr gefällt, und die Frau, die mit ihrem Manne nicht mehr leben will, läuft so weit weg, daſs er sie nicht gleich finden kann. Bei den Wanika ist die Ehe ein sehr lockeres Band, welches wenigstens auf seiten der Männer ohne Schwierigkeit gelöst werden kann. Ähnlich kann bei den Banjars

der Mann, der seiner Frau müde ist, dieselbe gegen Zahlung
einer geringen Summe verlassen, um eine andere zu nehmen.
Auf St. Thiago, einer der capverdischen Inseln ist es, obgleich die Einwohner sich zur christlichen Religion bekennen,
doch noch sehr gebräuchlich, daß ein Mann seine ihm kirch-
lich angetraute Frau verläßt und an einem entfernten Ort
eine andere nimmt. Bei den senegalesischen Mauren ist es
sehr gebräuchlich, die Frauen zu wechseln. Aus den nichtigsten Gründen wird die Ehe aufgelöst. Will die Frau die
Ehe auflösen, so giebt sie die ihr vom Manne gegebene
Aussteuer (la dot) zurück und entfernt sich. Erklärt der
Mann die Ehe für aufgelöst, so nimmt die Frau ihre Aussteuer mit. Auf diese Weise ist bei diesen Mauren von
einer Ehe eigentlich gar keine Rede. Es herrscht eine Art
Promiscuität der Männer mit allen Frauen. Obgleich sie
zu gleicher Zeit nur eine Frau zu haben pflegen, ist bei
ihnen ein Sprichwort üblich: Un homme peut user cent
femmes" (Afrikan. Jurisprudenz I, 320, für Indonesien und
Arabien, vgl. Post, Studien S. 250). Diesen flüchtigen
Verbindungen, die eben nach der größten Willkür beliebig
eingegangen und wieder gelöst werden können, stehen sehr
nahe die Ehen auf Probe und auf Zeit. Auch diese Form
ist außerordentlich verbreitet und kommt bei den verschiedensten Völkern vor, von denen hier die Indianer angeführt
sein mögen: „Bei den Huronen gab es Ehen auf Probe für
einige Tage. In Neu-England wurden die Leute, die zusammen lebten, erst später durch den Sachem für immer
miteinander verbunden, wenn sie sich gefielen. In Vir-
ginien waren die Häuptlinge, welche beliebig viele Weiber
hatten, nur an die erste Frau dauernd, an die übrigen aber
erst dann gebunden, wenn sie mit ihr länger als ein Jahr
gelebt hatten. Bei den Otomies war es Sitte, daß der junge
Mann mit dem Mädchen seiner Wahl schlief. Gefiel sie
ihm in der ersten Nacht nicht, so trennte er sich wieder
von ihr; fand sie seinen Beifall, so blieb er den ganzen
folgenden Tag bei ihr und durfte sie fortan nicht mehr

verlassen" (Post, Studien S. 75). Dasselbe ist der Fall bei
manchen afrikanischen Völkerschaften, bei den Indiern, auf
Oceanien, in Birma etc., ja man kann einen Rest dieser
Sitte in dem für manche Gegenden des flachen Landes noch
bis auf den heutigen Tag bestehenden Gebrauch erkennen,
daß die Ehe erst dann rechtsgültig wird, wenn Konception
eingetreten ist, wie denn ja auch dieser Anschauung entsprechend die Unfruchtbarkeit öfter als Scheidungsgrund
gilt. Noch seltsamer mutet uns die Ehe auf eine im voraus
fest bestimmte Zeit an, die gelegentlich dadurch ihre lokale
Erklärung erhält, daß sich die Männer auf ihren Kara-
wanenreisen für kürzere oder längere Zeit an bestimmten
Plätzen aufhalten. Ähnlich berichtet Ammianus Marcellinus
von einer solchen Zeitehe bei den alten Arabern. „Solche
Ehen bestanden noch zu Mohammeds Zeit. Sie sind im Islam
bekannt als nikâh âl-mot'a. Sie werden bis zu einem festgesetzten Termin eingegangen und erlöschen mit dem Ver-
streichen dieses Termins ohne weiteres. Die Schiiten lassen
sie heute noch zu, die Sunniten nicht mehr. Zulässig war
diese Ehe nur, wenn eine dauernde Ehe nicht möglich war.
Sie war hauptsächlich üblich in Kriegszeiten, oder wenn
ein Mann sich in einer fremden Stadt befand. Die gleiche
Sitte findet sich heute noch in ganz Oran" (Post, Studien
S. 78). Ganz übereinstimmende Erscheinungen finden sich
in Afrika, wahrscheinlich beeinflußt durch den Islam; aber
auch die Bewohner der Aleuten, wo ein solcher Zusammenhang nicht in Frage kommen kann, kennen ein solches
periodisches Verhältnis für Jagd- und Handelsreisende ihres
Stammes, die vorübergehend sich dort aufhielten. (Vgl. Post,
Afrikan. Jurisprudenz I, 323.) Desgleichen bietet Oceanien
dafür die bezüglichen Parallelen.

Diesen flüchtigen Verbindungen, die, wie die letzt-
erwähnten Beispiele es nahelegen, vielfach aus bloß lokalen
und temporär wirksamen Gründen entstanden sind, in
denen also keine allgemeinen sozialen Faktoren zum Ausdruck gelangen, stehen die eigentlichen regulären Eheformen

mit bestimmter gesetzlicher Kraft und Dauer gegenüber. Solcher
Formen giebt es drei auf Erden, Polyandrie, die Verbindung
einer Frau mit mehreren Männern, Polygynie, die Vereinigung eines Mannes mit mehreren Frauen und endlich die
Form, welche wir vorschnell genug immer noch als die alleinige hinzustellen lieben, die Monogamie, die Verbindung
eines einzelnen Mannes mit einer einzelnen Frau. Man
kann auch entgegen dieser gewöhnlichen Einteilung zwei
Hauptgruppen annehmen, polyandrische und monandrische
Ehen, wie Post in seinem neuesten Werk (Grundrifs d. ethnol.
Jurisprudenz I, 55) thut, und diese wieder zerlegen in eine
monogynische und polygynische Art.

### 1. Die Polyandrie.

Obwohl die Polyandrie jedenfalls keine universale
Gültigkeit beanspruchen kann — sie fehlt z. B. in Afrika
vollständig und kommt nur sehr sporadisch in Europa vor —,
so kann man doch wohl Hellwald beistimmen, der in ihr
die schärfste Ausprägung des Mutterrechts findet. (Die
menschl. Familie, Leipzig 1889, S. 241.) Mit Recht setzt
dieser Schriftsteller hinzu: „Natürlich kann nur von gere-
gelter Vielmännerei die Rede sein; denn ungeregelt fällt sie
mit schrankenloser Vermischung zusammen und liegt auch
dem Wesen dessen zu Grunde, was bei sonst irgendwie ge-
ordnetem Geschlechtsverkehr in Ermanglung eines anständig
klingenden Ausdrucks mit dem Fremdwort Prostitution bezeichnet wird. Von schrankenloser Ungebundenheit unterscheidet sich die Polyandrie dadurch, dafs in letzterer die
Frau ausschliefslich mit mehreren bestimmten Männern verbunden ist, und das Weib den Vater ihrer Kinder oder die
Sitte den ältesten oder ersten ihrer Gatten bezeichnet.“
Dennoch berühren sich gelegentlich beide Erscheinungen
sehr nahe, indem bei manchen Völkerschaften es der Frau
gestattet ist, neben ihrem eigentlichen Mann sich eine be-
liebige Anzahl von Liebhabern zu halten. Mac Lennan hat
sogar auch in diesen Zügen geschlechtlicher Laxheit eine

Stütze für seine Ansicht von der anfänglichen unbeschränkten Promiscuität finden wollen, indem er Promiscuität, Mutterfolge und Polyandrie in unmittelbaren Zusammenhang miteinander bringt. Daß die Unsicherheit der Vaterschaft dabei eine wichtige Rolle spielt, ist von vornherein klar[1]),

---

[1]) Vgl. Mac Lennan, Studies in Ancient History, London 1876, S. 139: „Promiscuity, producing uncertainly of fatherhood, led to the system of kinship through mothers only. This kinship paved the way for polyandry such as we commonly find it, and this form of polyandry introduced male kinship. Thus, along with the ruder polyandry, we always find the system of kinship through females only, and that were the less rude form prevails, we can generally trace that system, is moreover a proof a posteriori of what we hawe shown must be the case, that the origin of kinship through females only is referable to uncertainly of male parentage“, und ähnlich S. 179 im allgemeinen Überblick: „At the outset of our argument we saw that if the system of kinship through females only could be shown exist or to have existed, it must be accounted a more archaic system of kinship than the system of relationship through males, the product of an earlier and ruder stage in human development; and that to prove its existence on ruch a scale as to entitle or to rank among the normal phenomena of human development would be to prove it the most ancient system of kinship. We now submit that we have amply established our proposition. We have collected abundant evidence of the non-existence in many places of the conditions necessary for the vise of kinship through males; in many of these cases some of them cases — of great populations — we have been able to adduce evidence of the existence of the system of kinship through females only. We have seen that polyandry must be accepted as a stage in the progress towards marriage proper and the patriarchal system. The lower form of polyandry we have found to be accompanied by the system of kinship through females only. We have seen polyandry change its-form till it allowed of kinship through males and then die away into an obligation on the younger brothers iu turn to espouse the widow of the eldest brother — das sogenannte Levirat —; and in some cases, Indo-European as well as Semitic, in which we found that relic of polyandry, we have found or found traces of the system of kinship through females only . . . Before leaving this subject we would observe that, whether the system of kinship through females only prevailed universally at the first or not, it must have prevailed wherever exogamy prevailed — exogamy and the consequent practice of capturing wiwes. Certainly as to fathers is impossible where mothers are stolen from their first lords, and liable to be re-stoten before the birth of

und gerade deshalb ist die Bestimmung der alten Britanier, die nach Cäsar's Angabe in einer Art polyandrischer Gruppenehe lebten, so charakteristisch, dafs die aus solchen Verbindungen entstandenen Kinder demjenigen zugeteilt wurden, der die Frau zuerst heimgeführt hatte. Ähnlich ist das Verfahren der alten Araber, das der bekannte holländische Forscher Wilken schildert: „So finden sich in der Traditionensammlung von Bocharî ein paar polyandrische Eheformen. Bei einer derselben leben einige Personen, jedoch nicht mehr als zehn, mit einer Frau zusammen. Wird sie schwanger und gebiert sie ein Kind, so schickt sie einige Zeit nach der Geburt zu ihren Männern und bezeichnet, wenn sie sich eingefunden haben, einen derselben als Vater des Kindes. Dann gilt das Kind als Kind dieser Person. Bei einer anderen Form lebt die Frau mit einer Anzahl Männer in ehelicher Gemeinschaft. Sie verkehrt alsdann, mit wem sie will. Sie hängt eine Flagge an ihre Thür, und wer mit ihr zu verkehren wünscht, geht zu ihr. Wird sie schwanger und gebiert ein Kind, so werden die Männer bei ihr versammelt. Zugezogene Sachverständige weisen das Kind dem zu, den sie wegen gewisser Kennzeichen für den Vater halten, und dieser gilt alsdann als Vater, ohne dafs er sich dem entziehen kann" (bei Post, Studien S. 61). An diese geschlechtliche Freiheit erinnert ebenfalls die sehr häufige Sitte, an Gastfreunde und Verwandte die eigenen Frauen auszuleihen, ein Verfahren, das später auch zu einer rein gewerblichen Prostitution herabsinkt (vgl. Post, Studien S. 345 ff.).

children. And as exogamy and polyandry are referable to once and the cause — a want of balance between the sexes — we are forced to be regard all exogamous races as having originally been polyandrous. While polyandry supplied a method whereby the want of balance might be the less felt, and may thus have retarded, and in some cases prevented, the establishement of exogamy, wherever exogamy took root polyandry must have been practised. Therefore we must hold it to be beyond dispute that among exogamous races the first system of kinship was that which recognized blood — ties through mothers only".

Der eigentlich klassische Boden für diese Eheform bildet das Hochland von Tibet und einige vorderindische Landschaften von Himalaya. Und doch ist es sehr beachtenswert, dafs gerade der gewöhnliche Erklärungsgrund nicht überall zutrifft; meist werden nämlich Armut des Landes und spärliche Bevölkerung als solche Momente angeführt — was natürlich häufig richtig ist, — aber in Ceylon z. B. ergeben sich vorzugsweise die Reichen jener Sitte. Auch hat unzweifelhaft die Ungleichheit in der Zahl der Geschlechter einen bestimmten Einflufs ausgeübt, wie Letourneau hervorhebt, der aber auch die Opferung weiblicher Kinder als hinzukommendes Moment betont[1]). Er unterscheidet sodann eine matriarchalische und eine patriarchalische Form der Polyandrie; jene repräsentieren die schon früher geschilderten eigentümlichen Zustände der Nairs an der Malabarküste, wo streng Mutterfolge herrscht und die Frau, resp. Tochter

---

[1]) Vgl. L'évolution du mariage et de la famille, Paris 1888 S. 43: „Il semble d'ailleurs que la coutume de sacrifier les enfants de sexe féminin influe à la longue sur la production naturelle des sexes . . . . Mais il y a plus d'une manière de fausser la proportion des sexes; il n'est pas nécessaire de tuer presque tous les enfants du sexe féminin, comme cela se faisait chez les Gonds du Bengale, où dans beaucoup de villages Macpherson ne vit pas une seule fille; il suffit de les vendre. C'est même la vente des filles qui dans bien de pays a d'abord réfréné la sauvage coutume de l'infanticide féminin. Les filles devinrent une marchandise négociée par les parents, rachetée plus tard par les hommes, puisqu'aussi bien on ne pouvait s'en passer, mais alors il arriva, dans diverses contrées et chez diverses races, que les hommes s'associèrent pour alléger la dépense et que plusieurs d'entre eux se contentèrent d'une femme en commun, devinrent polyandres. Mais il ne faut pas croire avec certains sociologistes, que la polyandrie ait jamais été une phase matrimoniale universelle et nécessaire. L'énorme consommation d'hommes, que nécessite la vie sauvage ou barbare, a poussé bien plus souvent à la polygamie. C'est seulement dans certaines sociétés, où la pratique de l'infanticide féminin dépassait tout mesure, ou bien dans certaines iles, certains régions peu ou point peuplées, où des conquérants mal pourvus de femmes, venaient s'établir, que la polyandrie a pu se généraliser et durer. Elle n'est sûrement qu'une forme exceptionelle du mariage et l'on peut énumerer les pays où elle a été ou est encore en usage".

nicht ihr Haus verläfst, ihr Gatte gelegentlich nur zum Besuch empfangen wird, während der juristische Vater ihrer Kinder ihr Bruder ist. Im scharfen Gegensätz dazu steht die bekannte patriarchalische Struktur, wo die Frau den Männern zu folgen gezwungen ist, sei es durch Raub oder durch Kauf als Eigentum erworben, meist Brüdern oder Verwandten, wo sie endlich immer der Obhut und der Gewalt ihres Mannes untersteht, sodafs eine etwaige eheliche Untreue auf das strengste von ihm gerächt wird, während umgekehrt, wie wir schon sahen, aus Höflichkeit, Ehrbezeugung und auch aus schnöder Gewinnsucht der Eheherr die Frau anderen überläfst[1]). Es bedarf wenig Überlegens, um zu erkennen, dafs beide Formen einen sehr niedrigen Stand der moralischen Entwicklung voraussetzen, und auch für diesen Fall mufs man sich vergegenwärtigen, dafs unsere sittlichen Anforderungen, vor allem die weibliche Keuschheit, ein verhältnismäfsig sehr spätes Kulturprodukt ist. Im übrigen macht der französische Ethnologe mit Recht darauf aufmerksam, dafs die patriarchalische Stufe der Polyandrie doch schon eine weiter vorgeschrittene Bildung darstelle, als ihr entsprechendes matriarchales Gegenbild, obschon sich das nicht streng allgemein beweisen lasse. Während in der matriarchalen Polyandrie die Kinder einfach dem Stamme der Mutter zugeteilt werden, und somit diese Institution mit der primitiven Familie im Matriarchat überhaupt zusammenfällt, wird hier ein spezielles, individuelles Verhältnis zwischen Vater und Sohn, besonders dem Erstgeborenen mit gegenseitigen Pflichten und Rechten begründet[2]).

---

[1]) Letourneau l. c. p. 108.

[2]) Letourneau l. c. p. 109: „En effet, la polyandrie matriarcale coïncide toujours avec la forme familiale primitive, avec le matriarcat, c'est-à-dire avec un système qui ne tient nul compte de la filiation paternelle et laisse les enfants à la tribu de la mère. Au contraire la polyandrie patriarcale ébauche déjà une sorte de famille paternelle avec droit d'ainesse atttribué au fils premier-né ... Il s'en faut qu'on doive considérer la polyandrie matriarcale comme ayant toujours précédé l'autre. Cela semble vrai seu-

Wie Mac Lennan und Letourneau, so will auch Lippert, dem sich Hellwald (Familie S. 261) anschliefst, die Polyandrie aus früheren Entwicklungszuständen matriarchaler Organisation ableiten und nicht blofs auf die bekannten lokalen Ursachen beschränkt wissen. Er sagt: „Wenn das Connubialrecht allmählich nur noch in Verbindung mit der ersten Blüte des weiblichen Geschlechts thatsächlich in Geltung tritt, so mufs naturgemäfs ebenso allmählich die jüngere männliche Generation thatsächlich ausgeschlossen erscheinen von dem Connubium mit allen höheren Generationsschichten weiblichen Geschlechts, und aus dieser Thatsächlichkeit mufs sich, wie immer, ein Rechtsgrundsatz bilden. Dafs dieser Grundsatz rein menschlichen und ausschliefslich sozialen Ursprungs ist, scheint uns auch daraus hervorzugehen, dafs er im ganzen Tierreiche keine Analogie besitzt; ebensowenig kann er beim Menschen von jeher in Geltung gewesen sein. Geschichte und Ethnologie zeigen vielmehr, wie er und mit

---

lement pour l'Arabie ancienne. Partout d'ailleurs on ne peut que le supposer. On se tromperait également, si l'on admettait a priori que la polyandrie patriarcale implique un degré de civilisation supérieure à celle des pays à polyandrie matriarcale. Les anciens Arabes, dont nous parle Strabon, pratiquaient la polyandrie fraternelle, et pourtant nous savons qu'ils étaient à peine civilisés, cannibales et tellement féroces, que leurs femmes les accompagnaient dans les combats pour achever et mutiler les ennemis blessés. On voyait ces furies se faire des colliers et des armeaux de jambes avec des nez et des oreilles et même manger le foie d'un ennemi mort. Au total, la polyandrie est une forme conjugale exceptionelle, aussi rare que la polygamie est commune. Il la faut ranger à côté des mariages à l'essai, des mariages temporaires. Avec nos idées européennes sur la fidelité conjugale, obligatoire par le droit de propriété, nous avons peine à concevoir même la possibilité de cette absence parfaite de jalousie, de cette placidité des maris copartageants. C'est la grossièreté sans aucun doute. Mais comment qualifier notre morale et nos lois, qui donnent au mari trompé le droit de vie et mort sur la compagne infidèle et, sous ce rapport, nous ravalent au niveau des sauvages? Les mœurs grossières valent-elles moins que les mœurs féroces? On peut, je crois, conclure que les unes et les autres sont animals."

Achelis, Die Entwicklung der Ehe. 3

ihm das Prinzip der Connubialbeschränkungen überhaupt
sich allmählich erst Bahn bricht. Es ist kulturgeschichtlich
entschieden unrichtig, dafs auch innerhalb endogamischer
Zustände das Prinzip der Blutsverwandtschaft es sei, welches
gleich ursprünglich dasjenige der endogamischen Connubial-
grenzen begründet habe; im Gegenteil beruht auf der Idee
der Blutsgemeinschaft das der Connubialberechtigung im
unbeschränktesten Mafse. Es sind vielmehr wiederum nur
die Generationsschichten über- und untereinander, deren
Scheidemarken sich wie nach vielen anderen Richtungen
hin, so auch in den connubialen Verhältnissen allmählich
geltend machen, wohingegen Geschlechtsverbindungen innerhalb derselben Generationsschicht — zwischen Brüdern und
Schwestern nicht nur keine Beschränkung erleiden, sondern
vielmehr als der absolut normale Zustand gelten. Darin
liegt das aussondernde Merkmal für die Richtung der schon
innerhalb endogamischer Verhältnisse auftretenden Tendenz,
dem Geschlechtsverkehr Schranken zu ziehen. Auf diesen
Untergrund weist die Mehrzahl der Fälle bis heute noch
als Volksinstitution erhaltener Polyandrie zurück. Wenn
wir die heute noch im polyandrischen Verkehr lebenden
Todas ihrer dravidischen Sprache wegen als Repräsentanten
der „asiatischen Äthiopen" der Alten betrachten können, so
weisen doch die Rudimente keineswegs blofs auf den dunklen
Menschenstamm als den ältesten zurück, sondern erstrecken
sich aufwärts selbst bis zu dem jüngsten. Herodot glaubte
bei dem dem europäischen Scythenlande benachbarten Volke
der Agathyrsen ganz die Verfassung unserer Blutsverwandt-
schaftsfamilie vorgefunden zu haben. Sie pflegen gemeinsam Umgang mit den Frauen und sind alle einander Brüder
und Blutsverwandte — das kennzeichnet vollkommen den
Typus jener Verfassung" (Kulturgeschichte II, 911). Daran
erinnert lebhaft die Sitte der den Scythen ja eng verwandten
Massageten, denen es erlaubt war, trotzdem eine individuelle
Ehe schon bestand, mit den Frauen der anderen Stammesgenossen Umgang zu haben, indem sie ihren Köcher an die

Wohnung des Wagens hingen oder ihren Stab in die Erde senkten, wie Herodot berichtet (I, 216 und IV, 172).

Alles in allem ist aber das Material wohl noch nicht hinreichend gesichtet, resp. überhaupt zu lückenhaft, um über die eigentlichen wirksamen Gründe dieser, wie gesagt, nur sporadisch auftretenden Institution das letzte entscheidende Urteil fällen zu können.

Ehe wir zu der fest geregelten und schlechtweg universalen polygamischen oder polygynischen Eheform übergehen, ist es nötig, mit einigen Worten gewisser Ausläufer der früheren Gruppenehen zu gedenken, die freilich nicht auf Allgemeingültigkeit Anspruch machen können; doch sind sie als Symptome des Überganges aus der Zeit der Geschlechtsgenossenschaft in die späteren sozialen Bildungen immerhin von Interesse. Dahin gehören in erster Linie die für unser Gefühl so sonderbaren Knabenehen, d. h. die Sitte, daß unmündige Knaben mit erwachsenen Mädchen verlobt werden, die nun bis zum Zeitpunkte, wo ihr zukünftiger Gatte mannbar wird, solange mit anderen Stammesgenossen (häufig mit ihrem Schwiegervater) zusammenleben. Die dieser Verbindung entsprossenen Kinder gelten meist als Nachkommen jenes Knaben, während auch wohl ein Teil derselben auf den wirklichen Erzeuger übergehen. Solche Verbindungen kommen z. B. vor bei den Reddies in Südindien, bei den Dido im Kaukasus, bei den Chibchas in Neugranada, bei den Battaks auf Sumatra u. s. w. Auch findet sich der umgekehrte Fall, daß unmündige Mädchen mit erwachsenen Jünglingen verlobt und verheiratet werden, wo dann dieselben entweder nach der Hochzeitsceremonie zu ihren Eltern zurückkehren oder sofort in die Familie des Mannes aufgenommen werden und als Glied derselben gelten. Während der Zwischenzeit bis zur erreichten Reife versorgt sich dann, wie Post bemerkt, der Bräutigam wohl mit einer anderen Frau. Bei den Arowaken nimmt er, wenn die Braut noch nicht mannbar ist, einstweilen eine andere Frau, etwa eine Witwe, die ihm auch mehrenteils

von seinem Schwiegervater angeraten oder gegeben wird,
wenn er in seiner Familie eine dazu taugliche Person hat.
Ist dann das Kind mannbar, so wird dasselbe die eigentliche Frau, und die Stellvertreterin bleibt als Magd bei ihr
(Studien S. 212). Öfter tritt für das Mädchen dadurch die
Verpflichtung einer geschlechtlichen Enthaltsamkeit ein, für
die die Eltern aufzukommen haben, sodafs im entgegengesetzten Fall der Bräutigam zu einer Schadenersatzfor-
derung berechtigt ist, resp. den bei der Verlobung einge-
zahlten Kaufpreis zurückverlangen kann. Überhaupt scheint
der für das Patriarchat so mafsgebende Gesichtspunkt des
Brautkaufs auch hier eine gewisse Rolle zu spielen, indem
es sich für die beiderseitigen Eltern immer um einen regelmäfsigen Kontrakt handelt. Wie so häufig ist gegenüber
der gröfseren Beschränkung und Gebundenheit der Braut
der Bräutigam viel freier gestellt.

Sehr viel bekannter ist die mit der Polyandrie und den
Gruppenehen unmittelbar im Zusammenhang stehende Institution des Levirats, d. h. die Ehe des Bruders mit der
Witwe seines verstorbenen Bruders, um für diesen Kinder
zu erzeugen, womit natürlich die Verpflichtung verknüpft
ist, für sie und ihre Kinder zu sorgen. Darauf ist nämlich
von vornherein zu achten, dafs dem Erblasser unmittelbar
eine Pflicht aus seinem verwandtschaftlichen Verhältnis erwächst, auf deren Erfüllung die zurückgelassene Witwe ein
Anrecht hat, wie Hellwald richtig bemerkt (Familie S. 263).
Ursprünglich erscheint das Levirat bei sehr vielen Völkerschaften in diesem Sinne als eine Folge der älteren matriarchalen Ordnung neben und vor dem späteren patriarchalen Zustande. So sagt der eben erwähnte Kulturhistoriker,
wesentlich gestützt auf die umfassenden Untersuchungen des
kürzlich verstorbenen holländischen Forschers G. A. Wilken
über die Eheverhältnisse im ostindischen Archipel: „Überall
treten bei den dortigen Völkerschaften, gleichviel ob Exogamen oder Endogamen, die greifbaren Spuren einer älteren
Familienordnung, auf Mutterrecht gegründet, zu Tage. Fast

überall findet sich noch neben der patriarchalen Heiratsform eine zweite, matriarchale, wobei die Frau weder ihren Stamm, noch ihre Familie verläfst, der Gatte vielmehr in diese ein-eintritt und die Kinder dem Stamm der Mutter folgen. Bei den Battaks erscheint diese Heiratsform, ein Überbleibsel älterer Epochen, unter dem Namen Mandingding, und natür-lich ist dabei auch von keinem Brautschatz die Rede, sie kehrt wieder bei den Timoresen und mehr noch bei den Belunesen, bei welch letzteren es geradezu der Bräutigam, nicht die Braut, ist, welcher gekauft wird, bei den Alfuren von Buru, in Rawas und Redschang, wo sie Semando oder Sumando heifst und die Fortbildung in die Ambil Anak-Ehe erfahren hat u. s. w." (Familie S. 266). Uns viel geläufiger ist diejenige patriarchalische Form, wo dem Manne die Witwe als Erbstück zufällt und sich damit die frühere Verpflich-tung in ein Recht seinerseits verwandelt. So ja bekanntlich bei den alten Hebräern, auf die man sich früher das Levi-rat beschränkt dachte, so auch bei den Hindus; betrachtet man vorwiegend diese Völkerschaften, so kann man wohl Starcke zustimmen, der die Institution aus dem heifsen Wunsch ableitet, Erben zu erhalten, welche Opfer spenden können (Primitive Familie S. 170). Aber Post führt u. a. einen Fall an, der das Levirat in erheblich schärferer Aus-prägung darstellt, nämlich bei den Bewohnern der Carolinen: „Stirbt die Frau, so mufs der Witwer ihre Schwester hei-raten, stirbt aber der Mann, so heiratet die Witwe seinen Bruder. Hier findet man also die Heirat zwischen den Brüdern eines Geschlechts und den Schwestern eines anderen, wie sie bei den Reihenehen der Todas bei Lebzeiten ein-tritt, auf die Zeit nach dem Tode des einen oder des an-deren Teils verlegt. Dies führt zu der Vermutung, dafs die Leviratsehe ihren Ausgangspunkt genommen hat von einer Gruppenehe zwischen mehreren Brüdern und mehreren Schwestern, welche bei Lebzeiten einstweilen suspendiert blieb, so dafs nur individuelle eheliche Verhältnisse existier-ten, während nach dem Tode eines Mannes oder eines Weibes

die aus derselben sich ergebenden Verpflichtungen ins Leben
traten." Doch fügt er hinzu: „Nicht alle Erscheinungen,
welche man unter dem Namen der Leviratsehe[1]) zur Zeit
noch zusammenzufassen pflegt, werden gleichen Ursachen[2])
ihre Entstehung verdanken. Eine bedeutsame Rolle scheint
aber bei denselben stets der Grundsatz zu spielen, daſs die
Weiber ursprünglich als zum Vermögen des Geschlechts
gehörig angesehen werden und sich wie dieses vererben.
Dies führt zu allerhand seltsamen Konsequenzen. Bei den
Kaffern erbt der Erbe auch die Weiber seines Vaters oder
Erblassers. Der Sohn berührt die Weiber seines Vaters
nicht; aber er kann sie anderen Männern geben, gewisser-
maſsen ausleihen, und die in solchen Verhältnissen erzeugten
Kinder sind seine; — sie werden als Kinder des Verstorbenen angesehen, die also sein Erbe erbt. Wenn eine Witwe
sich zu verheiraten Gelegenheit hat, so wird sie vom Erben
verkauft, — ihre bisher schon geborenen Kinder muſs sie
dem Erben des Mannes zurücklassen, sie sind dessen Eigentum. Da aber die Mutter sich nur schwer von ihren Kindern
trennt, so bleiben die Witwen meistenteils unverheiratet als
— Jedermanns Weiber — was keine Schande für sie ist —
und gebären dem Hause des Erben ihres verstorbenen
Mannes Kinder" (Grundlagen S. 206). Während der ursprüngliche polyandrische Zusammenhang sich aber sonst
beim Levirat mehr und mehr verloren hat (nur die Bestimmung Manu's, daſs, falls von mehreren Brüdern der
eine einen Sohn hat, dieser als der Sohn sämtlicher Brüder
betrachtet werden soll, erinnert noch an diese Herkunft),

---

[1]) Starcke unterscheidet vom Levirat das indische Niyoga, d. h. die
eheliche Verbindung des kinderlosen Weibes noch zu Lebzeiten des Ehemannes mit dem Bruder oder dem nächsten Anverwandten (Primit. Familie S. 151), eine Sitte, woran auch im deutschen Recht Anklänge erinnern; ähnlich bei den Tschuktschen (vgl. Post, Studien S. 341).

[2]) Letourneau leitet das Levirat aus der Schutzlosigkeit der Frau
ab und weist damit den von Mac Lennan verfochtenen Zusammenhang
mit der Polyandrie ab (l'évolution du mariage p. 331).

tritt geradezu eine mit der Prostitution verknüpfte gewerbs-
mäßige Polyandrie in den sogen. Dreiviertelheiraten
hervor, die im nubischen Afrika unter den Hassanieh-
Arabern sich finden. Hellwald schildert dieselben folgender-
maßen: „Die Gattin des Hassanieh-Arabers darf für sich
drei Tage in der Woche in Anspruch nehmen und alsdann
ihre Gunst einem Beliebigen, z. B. einem durchreisenden
Fremden gewähren. Die Töchter werden stets, wie John
Petherik berichtet, an den Meistbietenden losgeschlagen,
wie dies bisweilen auch in Christenlanden geschieht, nur mit
dem Unterschiede, daß bei den Mohammedanern infolge der
erleichterten Ehescheidung Fehlgriffe sich mühelos wieder
gut machen lassen. Ist bei den Hassanieh eine Heirat im
Werke, so versammeln sich die Familien beider Parteien,
und des Bräutigams Vater richtet an die Mutter die grofse
Frage, wie viele Tage in der Woche das eheliche Band
streng beobachtet werden müsse. Die Mutter wird nun den
Wert der Mariatheresiathaler, der Milchkuh und der paar
Stiere, welche angeboten sind, in keinem Verhältnis finden
zur Jugend und zur Schönheit der Tochter, sowie ihrer
Familienverbindungen, worauf sie ihre Rede damit schliefst,
dafs man billigerweise ihr die eheliche Treue nicht länger
auferlegen könne, als zwei Tage in der Woche. Die Partei
des Bräutigams gerät darüber in Aufruhr und stellt sich
empört, so dafs der Uneingeweihte befürchten mufs, es werde
blutige Händel geben. Nun treten aber grauhäuptige Friedens-
stifter hervor, besänftigen beide Parteien und bringen Forderung und Angebot in ein vernünftiges Gleichgewicht;
die Familie des Bräutigams erhöht den bedungenen Kauf-
schilling, und die Mutter der Braut spricht endlich ein
grofses Wort gelassen aus: dafs nämlich die junge Frau
Montags, Dienstags, Mittwochs und Donnerstags, also vier
volle Tage, an ihren Mann gebunden, den Rest der Woche
aber Freiheit haben solle, worauf sich beide Teile zu dieser
glücklichen Beilegung des Zwistes beglückwünschen und

weidlich dem aufgetragenen Merissabiere zusprechen" (Geschichte der Familie S. 273).

## 2. Die polygynische Ehe.

Diese monandrisch-polygynische [1]) Eheform ist bei weitem die häufigste auf der Erde. Der Reichtum des Mannes an Frauen ist an und für sich, d. h. rechtlich unbegrenzt, und findet nur an den jeweiligen Vermögensverhältnissen seine natürliche Beschränkung. Während Reiche und Fürsten wohl 20—30, ja mitunter selbst 100 Frauen [2]) be-

---

[1]) Hellwald macht einen Unterschied zwischen Polygynie und Polygamie. „Polygamie ist nicht Vielweiberei, sondern Vielehe. Darin liegt ein tiefer Unterschied. Viele Völker des Altertums wie der Gegenwart gestatten allerdings blofs ein einziges Eheweib, sind also Monogamen, dennoch herrscht bei ihnen Vielweiberei und Polygynie. Denn Gesetz und Sitte erlauben dem Manne, neben der einen gesetzmäfsigen Gattin Sklavinnen als Kebsinnen (Konkubinen) nach Belieben, je nach Reichtum und Stellung zu halten. Die Vielehe, die Polygamie, konnte erst mit der Ausbildung des Ehebegriffs aus der Polygynie hervorwachsen; sie ist eine gesetzliche Einrichtung und kann auch verschwinden, ohne die Vielweiberei zu beseitigen. In der That ist letztere auch im Kreise der Monogamen nirgends völlig unterdrückt und lebt unter den mannigfachsten Gestalten fort. Wir lernen somit zwei Gattungen der Beweibung kennen, beide auf dem Boden des Patriarchates erwachsen; die Ehe als ein streng geregeltes Verhältnis, dann das Kebstum oder Konkubinat, welches noch lange, nachdem das jüngere Vaterrecht an die Stelle des älteren Patriarchates getreten, die ehelichen gesetzmäfsigen Verbindungen begleitete. Das Kebstum hängt mit dem Sklavenwesen, mit dem Verhältnisse zwischen Herrschaft und Gesinde zusammen, wie es der starre Eigentumsbegriff erzeugt hatte. Bei aller Knechtung des Weibes spielt, wie sich überall deutlich verfolgen läfst, in die Stellung der Ehefrau noch manches Mutterrechtliche hinein. Die Ehefrau ist stets eine Freie, die, wenn auch durch Kauf, nicht ohne Zustimmung ihrer Eltern oder Mundwalte erworben werden konnte" (Familie S. 368).

[2]) Afrikanische Despoten dulden natürlich keine Beschränkung irgend welcher Art; dem König von Ashanti stehen drei Tausend zur Verfügung, dem Machthaber in Whydah zwischen vier und fünf Tausend, in Dahomé drei Tausend und König Mtesa in Uganda sogar sieben Tausend (vgl. Post, Afrikan. Jurisprudenz I, 307).

sitzen, mufs sich der Arme mit einer einzigen begnügen; es ist hier also die thatsächliche Monogamie nur ein Zeichen von Armut, während umgekehrt bei den Ainos es nur den Häuptlingen gestattet ist, neben der Hausfrau sich eine oder mehrere Nebenfrauen zu halten (vgl. Post, Studien S. 64). Endlich kommt es auch vor, dafs die Anzahl dieser Nebenfrauen gesetzlich fixiert ist (so beschränkt der Islam die Polygamie für den Freien auf vier Frauen, oder auf der Insel St. Louis am Senegal darf niemand mehr als sechs Frauen haben, mit Ausnahme der Marabuts, welche soviel nehmen können, wie sie wollen; vgl. Post, Afrikan. Jurisprudenz I, 310) oder es gilt wenigstens nicht für anständig und gebräuchlich, über eine gewisse Anzahl hinauszugehen. Endlich schliefsen sich, wie Post berichtet, Polyandrie und Polygynie nicht aus, sondern finden sich vielmehr gleichzeitig bei ein und demselben Volk. So kommen z. B. im Kululande und in Ladak beide Eheformen nebeneinander vor. Lyall will im Kululande in einem Hause vier Männer mit einer Frau, im Nebenhause, drei Männer mit vier Frauen und im nächsten einen Mann mit vier Weibern getroffen haben (Studien S. 62).

Natur- und Kulturvölker kommen für die polygynische Ehe in gleicher Weise in Betracht; wir beschränken uns deshalb auf einige wenige Beispiele, welche innerhalb des Rahmens der für uns mafsgebenden geschichtlichen Entwicklung liegen. Wie auch in Ägypten findet sich bei den Hebräern die durch das Gesetz und die religiöse Anschauung geheiligte Sitte, dafs es dem Mächtigeren gestattet war, seinen Einflufs auch durch die zahlreichen Verbindungen mit Frauen immer mehr auszudehnen, während sich der Arme mit einer Frau begnügen mufste. „Die israelitische, meist volksfremde Sklavin, welche immer die Kebsin des Hausherrn oder eines seiner Söhne ist, wird 'ama genannt. Es ist dies ein Wort uralter Bildung, welches in anderen semitischen Sprachen wiederkehrt, woraus zu schliefsen ist, dafs diese Sitte schon vor der Trennung des semitischen Volkes bestand. Der alternden, kinderlosen Frau wurde es zum Lobe angerechnet, wenn sie dem Gatten eine Sklavin als Beischläferin zuführte. Doch hat sich seit uralter Zeit beim israelitischen Viehzüchter wie Bauer die Sitte erhalten, zwei Gattinnen zu nehmen, und bei den in Persien lebenden Juden ist die Polygamie heute noch zulässig. In der Genesis ist zwar der Grundsatz der Monogamie ganz bestimmt ausgesprochen, sodafs man das Verbot der Vielweiberei auch im mosaischen Gesetz zu finden erwarten sollte. Diese aber schweigt darüber, und so war denn Polygamie geduldet und als erlaubt im Gesetz vorausgesetzt. Es erklärt sich dies wohl daraus, dafs die Genesis in ihrer heutigen Gestalt erst sehr spät, zu einer Zeit, als die monogamen Ideen schon die Oberhand gewonnen, ihre endgültige Abfassung erhalten hat. Dabei darf man nicht vergessen, dafs die Israeliten in ihren heiligen Büchern als ein zur Fleischeslust geneigtes Volk geschildert werden, welches derselben keine Schranken zog. In ältester Zeit waren die Ehen mit Fremden noch sehr allgemein. Von den Patriarchen der Sagenzeit und von Mose wird erzählt, dafs sie Ausländerinnen zu Weibern nahmen; in der Richterzeit war die Vermengung zwischen Hebräern und Kannaniten die herrschende Regel; ja man verteilte sogar Mädchen der Besiegten als Beute. . . . Wie überall im Patriarchate war das Verhältnis zwischen Mann und Weib im ethischen Sinn ein sehr loses. Das Gewohnheitsrecht erheischte, dafs der Mann die Frau zu kleiden, zu ernähren und ihr die eheliche Pflicht zu gewähren habe. Darin besteht die eheliche Treue des Mannes; thut er das, so mag er im übrigen Weiber nehmen und aufserehelichen Umgang mit Frauen pflegen, soviel ihm gefällt, die Ehefrau hat kein Recht, sich hierdurch beschwert zu fühlen" (Hellwald, Familie S. 372).

Ähnlich patriarchalisch organisiert stellt sich die Familie uns dar im Reiche der Mitte. Wie die Ehe, eine uralte Stiftung, ein Vertrag der Geschlechter und Familien ist, der mit irgend welcher Neigung der Brautleute nicht das

mindeste zu schaffen hat, so erstreckt sich auch das Verfügungsrecht des Hausherrn, ähnlich wie bei den Römern,
auf alle Familienmitglieder, vor allem aber auf die weiblichen. Manche Töchter werden, um die drückenden Nah-
rungssorgen los zu werden, schon in zarter Jugend beseitigt,
sonst aber als rentable Ware je nach dem Marktpreise ver-
schachert, obwohl andererseits wieder die zärtliche Liebe
der chinesischen Mütter zu ihren Kindern betont wird. Trotz
der gesetzlichen Monogamie herrscht für alle irgendwie Begüterte Polygamie. „Der lebhafte Wunsch, recht viele Kinder
zu haben," bemerkt Hellwald, „war überall eine Hauptursache
der Polygynie. Die Kinder der Nebenfrauen vermehrten
aber den Besitzstand des Hausvaters. Sehr wahrscheinlich
sind die Nebenfrauen auch in China Sklavinnen gewesen;
jetzt gehen sie zumeist aus den niedrigeren Schichten der
Gesellschaft hervor; sehr häufig sind sie Freudenmädchen,
die mit ihren späteren Herren in öffentlichen Häusern bekannt wurden, woraus zugleich hervorgeht, daß die chinesischen Männer trotz Konkubinat Abenteuer außer Hause
aufsuchen. . . . Die erste Frau, die Ehegattin, übt eine gewisse Herrschaft über die Nebenfrauen aus, denen sie die
zu verrichtenden Arbeiten anweist. Im übrigen ist der
Unterschied zwischen der chinesischen Konkubine und der
europäischen Maitresse der, daß erstere anerkannt wird;
sie ist eine Art gesetzliche Geliebte. Manchmal wählt man
auch heute noch wirkliche Sklavinnen zu Nebenfrauen.
Denn China kennt nicht nur die lebenslängliche, sondern
auch die erbliche Sklaverei. Es bezeichnet das patriarchalische Verhältnis, daß die Sklaven, wie im alten Rom als
Familienglieder betrachtet werden, ja in früherer Zeit sogar
die Familiennamen ihrer Herren annahmen. Aber sie haben
keine Bürgerrechte, sie sind ein bloßer Besitzgegenstand
ihrer Herren. Diese können ihre Sklavinnen an andere als
Beischläferinnen oder an die Eigentümer öffentlicher Häuser
verkaufen oder sie zur Befriedigung ihrer eigenen Gelüste
verwenden. Heiratet ein Herr eine seiner Sklavinnen, so

verständigt er zuvor seine Freunde und Nachbarn, damit
diese ihn am Hochzeitstage besuchen" (Familie S. 382)[1]).

Ähnlich ist es in Japan, wo gleichfalls die Eheschliefsung
ein rein sozialer Akt ist, wo Familiensegen das höchste Glück
des Hausvaters bedeutet, und wo endlich neben der gesetzlich erlaubten Oberfrau meist noch eine ganze Reihe von
Nebenfrauen existieren.

Wie leicht begreiflich, wird der Oberfrau allen ihren
anderen Rivalinnen gegenüber ein gewisses Aufsichtsrecht
zukommen, sie schlichtet deren Streitigkeiten, führt den
Haushalt ihres Mannes und kann auch die Gesellschaft desselben häufiger beanspruchen, als die übrigen Frauen[2]).
Überhaupt zerfällt der polygynische Haushalt in eine ganze
Reihe mehr oder minder selbständiger Haushalte, jeder für
sich in einer besonderen Hütte, oder (bei Ärmeren) alle
unter einem gemeinsamen Dach, wo denn aber Jeder wenigstens ein besonderes Zimmer für sich zu haben pflegt. So
erzählt Wilken von den Lampongern auf Sumatra, dafs hier
das Haus regelmäfsig aus drei Abteilungen besteht, prumpu,

---

[1]) Vgl. noch im allgemeinen Dargun, Mutterrecht und Vaterrecht,
1. Hälfte: Die Grundlagen, Leipzig 1892, der richtig bemerkt: „Es ist
im Auge zu behalten, dafs die Polygamie eine universelle, über die ganze
Erde — völlig unabhängig von irgend einer Familienorganisation — verbreitete Institution ist, dafs neben ihr sowohl die strengste Agnation durch
viele Jahrhunderte unerschüttert herrschen kann, wie in der mohammedanischen Welt, als auch das Mutterrecht und alle möglichen Mittelformen.
Bei allem sonstigen Wandel bildet die Polygamie ein nahezu konstantes
Element, die monogamen Völker bilden seltene Ausnahmen gegenüber der
ungeheuren Mehrzahl polygamer Naturvölker" (S. 59).

[2]) Das tritt auch z. B. darin hervor, dafs vielfach nur die Kinder
der Oberfrau erbberechtigt erscheinen oder doch sonst besondere Vorzüge
geniefsen, während freilich auch gerade umgekehrt gelegentlich alle Descendenten zu gleichen Teilen erben. Da die Oberfrau die eigentlich le-
gitime Frau ist, so betrachten auch wohl alle Kinder, also auch die der
Nebenfrauen, jene als ihre rechte Mutter (vgl. Post, Grundrifs der ethnol.
Jurisprudenz I, 143). Endlich wäre noch zu erwähnen, dafs die Nebenfrauen nach dem Tode des Mannes auch wohl Sklavinnen der Oberfrau
werden.

balangan und tenga; dann giebt es noch einen Raum zum Empfang von Gästen und Fremden. Die zuerst geheiratete Frau wohnt im prumpu, die zweite im balangan, die dritte in einem Anbau des prumpu, die vierte in einem Anbau des balangan. Die Nebenweiber und Leviratsfrauen schlafen im tenga, wo jede einen besonderen durch Kadjang — Matten — abgeschiedenen Raum hat (bei Post, Grundrifs I, 145). Es sei noch folgende Blütenlese verschiedener Variationen dieser Gepflogenheiten nach Post zusammengestellt: „Bei den nordamerikanischen Indianern hatte jede der mehreren Weiber eine besondere Hütte, bei Völkern, bei denen die Häuser für mehrere Familien eingerichtet waren, ihr besonderes Feuer, z. B. bei den Osagen. In Afrika haben bei vielen Völkern die Frauen ihren gesonderten Haushalt und ihr getrenntes Eigentum und empfangen nur periodisch die Besuche ihres gemeinsamen Ehemannes. Auf den mikronesischen Inseln wohnten die Frauen ebenfalls in verschiedenen Häusern. Bei den Batak auf Sumatra ist in manchen Strichen der Mann verpflichtet, jeder seiner Frauen ein umba-umba, ein besonderes Haus, zu bauen. Bei den Bagobos von Süd-Mindanao bewohnt jede Frau mit ihren Kindern ein Haus allein; der Mann wohnt gewöhnlich mit der Hauptfrau zusammen und gastiert nur bei der anderen. Auf den Tanembar- und Timorlao-Inseln kommt es vor, dafs ein Mann vier bis fünf Frauen hat, deren jede für sich besonders wohnt. Auf Luang und Sermala haben manche Männer zwei bis fünf Frauen, welche abgesondert voneinander wohnen. Auf Kisar lassen Begüterte ihre Frauen abgesondert bei deren Eltern wohnen. Bei Ärmeren wohnen alle Frauen unter einem Dach, und die erste Frau führt über die jüngeren das Regime. Auf Wetar kommt es ebenfalls vor, dafs mehrere Frauen eines Mannes unter einem Dache wohnen. Bei den Nuforesen auf Neuguinea hat der Papua im Hause gewöhnlich nicht mehr wie eine Frau. Die zweite und dritte Frau befinden sich meistens auf anderen Inseln, wohin der Mann jährlich ein- oder zweimal reist. Bei den

Ainos bewohnen die Nebenfrauen besondere Hütten, welche sich sowohl in demselben Dorf, als auch an solchen Orten befinden können, in denen der Mann sich nur während der Jagd- oder Fischfangzeit aufhält. Nur bei Abwesenheit der Hausfrau ist es den Nebenfrauen gestattet, das eigentliche Nebenhaus zu betreten. Auf den Pelauinseln mufs der Ehemann jeder seiner Frauen die durch die Sitte festgesetzten Zahlungen leisten, alle in separaten Häusern oder in verschiedenen Örtlichkeiten halten und alle ihrem Range gemäfs behandeln" (Studien S. 71).

Was die Gründe[1]) der Polygamie anlangt, so ist vor allem die Unfruchtbarkeit der Frau namhaft zu machen, besonders wenn es sich um die für die Erhaltung des Geschlechts so ersehnte Geburt eines Stammhalters handelt. Bisweilen bedarf es (so bei einzelnen indischen Völkern) dazu der Einwilligung seitens der Frau. Diese Möglichkeit verwandelt sich mitunter zu einer Notwendigkeit, so in China, wo es geradezu eine Verpflichtung des Mannes ist, falls die Frau unfruchtbar ist, sich eine zweite zu nehmen. Auch das Levirat kann hierfür einen Grund abgeben. Sodann ist noch die besondere polygynische Ehe zu erwähnen, wo der Mann bei seiner Heirat zugleich die Schwestern seiner Frau mit zur Ehe erhält, wie z. B. bei den Cariben auf den Antillen; bei den Sioux wird die älteste Tochter des Häuptlings gekauft; dann gehören dem Manne alle anderen Töchter desselben, die er ehelichen kann, wenn es ihm zusagt (vgl. Post, Studien S. 65). Wahrscheinlich findet hier ein ursprünglicher Zusammenhang mit exogenen Gruppenehen statt. Im allgemeinen wechseln polygamische und monogamische Verhältnisse bei den einzelnen Völkern ganz willkürlich, ohne dafs man ein universales Gesetz der Entwick-

---

[1]) Der soziale Faktor des erhöhten Machtbesitzes ist oben schon erwähnt (vgl. dazu noch Letourneau, l'évolution du mariage p. 169). Es ist hier immer streng zwischen dem Hausherrn, der als soziale Figur an der Spitze des ganzen Hauswesens steht, und dem individuellen, leiblichen Vater zu unterscheiden (vgl. Post, Globus No. 4, S. 53 ff. 1893).

lung aufstellen könnte; namentlich mufs man sich vor dem
weitverbreiteten Irrtum hüten, als ob die Monogamie an
und für sich schon einen höheren Grad der Gesittung in-
volviere. Während in der That die Polygynie bis weit in
die Kreise verhältnismäfsig hoch gesteigerter Civilisation
sich als die Norm erhält, leben z. B. die Otomaken, der
wildeste Indianerstamm Columbiens, wie Letourneau angiebt,
monogam (l'évolution du mariage p. 215).

### 3. Die monogamische Ehe.

Die obligatorische Monogamie findet sich wesentlich
nur innerhalb derjenigen Völkerschaften, welche durch die
europäische Kultur[1]) beeinflufst sind, wobei selbstredend
das Christentum eine besonders hervorragende Rolle spielt.
Wie schon angedeutet, leben manche Schichten niedrig-
stehender Völkerschaften monogam, aber nur aus Gründen
bitterer Armut, die ihnen nicht den Luxus mehrerer Frauen
gestattet, während das Gesetz ihnen durchaus keine Beschränkung auferlegt. Dazu kommt dann noch die unge-
meine Leichtigkeit der Ehelösung, so dafs ein Mann ohne
jede weitere Schwierigkeit nacheinander verschiedene
Frauen haben kann (so auf Luzon, bei den Banjars im
Süden des Gambia u. s. w.). Eine Annäherung an polygynische Verhältnisse weist noch nach Kraufs Montenegro
auf, indem dort nach einem alten Rechtsbrauch, der bis zur
österreichischen Occupation auch in der Herzegowina galt,
es erlaubt war, dafs die Frau einen zweiten Mann nehmen
durfte, wenn der frühere Ehegatte neun Jahre von Hause

---

[1]) Die übrigen dahingehenden Nachrichten sind zu spärlich, als dafs
sich darauf ein allgemeiner Schlufs gründen liefse; so bestand im As-
tekenreiche bereits eine Zwangsmonogamie, aber nur für das gewöhnliche
Volk, oder es war den Zapoteken an Isthmus von Tehuantepec die
Polygamie verboten, ebenso wie einigen indischen Kasten in Dekkan (vgl.
Post, Grundrifs d. ethnol. Jurispr. I, 60).

fort war, ohne in der Zwischenzeit ein Lebenszeichen von sich zu geben. Meist geht dann seitens des ersten Mannes jeder Anspruch auf seine Frau verloren, wenn diese mit ihrem zweiten Gemahl Kinder erzeugt hat. Wenn aber beide Männer ihr Anrecht durchaus nicht fahren lassen wollen, so muſs die Frau in das Haus ihres ersten Mannes zurückkehren, während die Kinder aus der zweiten Ehe dem zweiten Manne verbleiben (Post, Studien S. 74).

Unter den sozialen Faktoren, welche zu der Annahme der Monogamie geführt haben, sind für Letourneau besonders zwei ausschlaggebend, einmal das natürliche Gleichgewicht der Geschlechter und sodann die Bildung und Festigung des individuellen Eigentums. Was den ersten Punkt anlangt, so ist es in der That beachtenswert, daſs z. B. die Häuptlinge der Dayaks aus dem Grunde sich der Polygamie enthalten, weil sie zu bemerken glauben, daſs ihr Ansehen und Einfluſs leidet, wenn sie sich (wozu sie dem Recht nach befähigt sind) mehrere Frauen halten. Das zweite Moment begründet er so: „In allen mehr oder minder civilisierten Staaten hat die Sorge um das erbliche Eigentum sehr bald einen hervorragenden Einfluſs gewonnen; die mehr oder minder gleichmäſsige Regelung der Fragen des Interesses bildet die solide Basis aller geschriebenen Gesetze. Überall hat sich die Vererbung bald nach mütterlicher, bald nach väterlicher Verwandtschaft entwickelt; aber nur unter monogamischer Herrschaft ist die Obhut für alle Kinder dieselbe, sowohl für die mütterliche, wie die väterliche Seite" (l'évolution du mar. p. 213). Für unsere Vorstellung ist der Zusammenhang der Monogamie mit Vater und Elternverwandtschaft so selbstverständlich, daſs wir eine anderweitige Beziehung zunächst für ausgeschlossen halten. Es ist deshalb sehr merkwürdig, daſs, wie Post anführt, auch unter Mutterrecht Monogamie vorkommt. Bei den Khassias im nördlichen Bengalen ist die Mutterfamilie vollständig durchgeführt und daneben gilt streng mono-

gamische Sitte. Auch bei den Kocchs gilt die Mutterfamilie
mit Monogamie. Die Nachkommen einer Mutter bilden zusammen die Familie und in diese Familie treten die Ehegatten der Töchter als Mitglieder niederen Ranges ein
(Studien S. 74).

## III.

## Die Verwandtschaftsverhältnisse.

Für die Entwicklung der Ehe ist die Geschichte der Verwandtschaft, die Struktur der Abstammung aus begreiflichen Gründen eine der wichtigsten Instanzen, gerade hier zeigt sich die völlige Unzulänglichkeit, mit unseren modernen Begriffen und Anschauungen jenen sozialen Prozeß zu erklären. Anderseits tritt auch hier neben gewissen grofsen Grundformen eine fast beängstigende Mannigfaltigkeit von Variationen hervor, die bisweilen eine übersichtliche Zusammenfassung erschweren.

In erster Linie ist die besonders durch Morgan erörterte (zunächst bei den Indianern beobachtete) klassifikatorische gegenüber der descriptiven Verwandtschaft zu beachten (vgl. Morgan, systems of consanguinity and affinity of the human family, Washington 1871, Mac Lennan, studies in ancient hist. p. 331 ff. und Giraud-Teulon, les origines cap. II). Während bei dem letzteren die Verwandtschaft durch die Berechnung der Generationen hinauf bis zu einem gemeinsamen männlichen oder weiblichen Ahnen begründet wird, ordnet umgekchrt das klassifikatorische

System alle Individuen in verschiedene Verwandtschaftsstufen ohne jede Berücksichtigung des näheren oder weiteren Grades. Dort ist eine individuelle Beziehung maßgebend, hier ein Verhältnis bestimmter Klassen und Gruppen zu anderen. Obwohl es wahrscheinlich ist, daß das klassifikatorische Prinzip morphologisch das ältere ist, so sind doch zur Zeit darüber die Akten der Untersuchung nicht geschlossen. Dies System herrscht bei den Indianern, den Oceaniern und bei den nicht arischen Völkerschaften Indiens, das descriptive dagegen bei allen arischen, semitischen, mongolisch-tatarischen und ostasiatischen Völkern (China, Japan, Korea). Die klarste und deshalb instruktivste Form findet sich bei den Hawaiiern, die Post so beschreibt: „Sie hat fünf Klassen: 1. Großeltern, 2. Eltern, 3. Geschwister, 4. Kinder, 5. Enkel. In der dritten Klasse stehe ich, meine Schwestern, Brüder, Vettern und Cousinen, in der zweiten stehen meine Eltern und deren Geschwister, Vettern und Cousinen, in der ersten meine Großeltern und deren Geschwister, Vettern und Cousinen. Die vierte Klasse umfaßt meine Kinder und deren Vettern und Cousinen, die fünfte meine Enkel und deren Vettern und Cousinen. Alle Mitglieder einer Klasse sind für einander Geschwister, wobei je nach dem sprechenden Ich der ältere und der jüngere Bruder, die ältere und die jüngere Schwester unterschieden werden. Onkel, Tante, Nichte, Neffe, Cousin und Cousine existieren als besondere Worte nicht. Der Onkel nennt den Neffen Sohn, der Neffe die Tante Mutter" (Grundriss d. ethnol. Jurisprud. I, 68). Hier hat sich der Typus der Klassenverwandtschaft im Gegensatz zu der individuellen am schärfsten ausgebildet, während anderwärts alle möglichen Mittelstufen zwischen den beiden Extremen vorkommen.

Von diesem Einteilungsprinzip abgesehen, giebt es auf Erden drei verschiedene Verwandtschaftssysteme, das älteste, das der Mutterverwandtschaft, bei welchem die Abstammung, Erbfolge u. s. w. lediglich durch die Weiber vermittelt wird,

sodann das der Vaterverwandtschaft, wo umgekehrt die
Verwandtschaft nur durch den Mannesstamm begründet wird,
und endlich das jüngste System, ein verhältnismäfsig sehr
spätes Kulturprodukt, das der Elternverwandtschaft, wie wir
es heutigestags kennen. Die beiden ersten Formen kommen
nur vor innerhalb der primitiven Geschlechterorganisation,
das letzterwähnte erst beim und nach dem Zerfall derselben.
Diese drei Systeme schliefsen sich trotz ihrer prinzipiellen
Unterschiede nicht völlig aus, vielmehr kommt es vor, dafs
sich Mutter- und Vaterverwandtschaft bei ein und demselben
Volk finden, oder Vater- und Elternrecht, ja gelegentlich
auch wohl alle drei Formen nebeneinander. Auch ist es
beachtenswert, dafs diese Strukturen nicht von der spezi-
fischen Eigenart der jeweiligen Völker abhängen, sondern
dafs eben dasselbe Volk nacheinander in den verschiedenen
Entwicklungsstufen bald dieses, bald jenes Recht annimmt.
Die Folgen der Verwandtschaft sind um so weitgrei-
fender und nachhaltiger, je bedeutsamer das ursprüngliche
Blutsband ist, das die ersten sozialen Gebilde zusammenhält;
je mehr dieser Charakter der Geschlechtsorganisation durch
den modernen Staat absorbiert wird, desto mehr verblafst
diese soziale Wichtigkeit. Ganz besonders zeigt sich jener
Einflufs zunächst darin, dafs die Angehörigkeit der Kinder
durch diese Beziehung entschieden wird, ob die betreffende
ethnische Bildung eine Geschlechterorganisation, ein Stammes-
verband, eine Totemfamilie, eine Hausgemeinschaft oder
sonst irgend eine soziale Struktur ist. Sodann richtet sich
nach diesem Kriterium Rang, Würde und Stand des Kindes,
nach beiden Extremen, d. h. sowohl betreffs des Adels wie
der eventuellen Unfreiheit und Knechtschaft. Endlich wird
alle Rechtsverantwortlichkeit durch die entsprechende Mutter-,
Vater- oder Elternfamilie übernommen, und eben deshalb
auch die Blutrache und Blutschuld, sowie alle übrigen sozialen Pflichten. Wo die anfängliche Geschlechterorganisation
dagegen mehr und mehr verschwindet, beschränkt sich
naturgemäfs die Wirkung der Verwandtschaft sehr; sie äufsert

sich in der Hauptsache nur noch in Bezug auf das Erbrecht
und als Ehehindernis.

## 1. Das Mutterrechtssystem.

Das mutterrechtliche Verwandtschaftssystem ist über
die ganze Erde verbreitet und zwar bei den stammfremdesten
Völkern, so dafs, wie Giraud-Teulon mit Recht sagt, an
keine Entlehnung zu denken ist; statt aller einzelnen zu-
fälligen Ursachen verlangen wir eine allgemeine Erklärung
der nämlichen Erscheinungen (vgl. l'origine de la fam. p. 46).
Das ausschlaggebende Motiv findet der französische Forscher
in der Unsicherheit der Vaterschaft, ein Moment, das er
dann so verwertet: „La maternité est toujours une donnée
indiscutable et la seule; la paternité au contraire une simple
fiction juridique. Aussi, lorsqu'il s'est agi dans les premières
communautés de déterminer la filiation et la consanguinité
des individus entre eux, n'a-t-on pu y parvenir qu'en
indiquant leur origine maternelle: la maternité et son
naif caractère de vérité sensible offraient une sécurité ab-
solue pour constituer la famille, le cordon ombilical étant
en cet ordre d'idées le seul temoignage à l'abri de toute
contestation" (l. c. p. 53). Ja Teulon steht nicht an, im
Matriarchat eine gewisse hohe philosophische Perspektive
zu finden, die er folgendermafsen begründet: „L'organisation
de la famille par les femmes porte éminemment les carac-
tères d'une loi naturelle et nécessaire, imposée au genre
humain lorsqu'il chercha à sortir de l'état de promiscuité;
aux époques où le mariage — c'est-à-dire l'union durable
d'un seul homme avec une femme —, n'était pas encore
chose possible. A ce titre l'institution de la parenté par
les femmes est un moment de haute importance dans l'his-
toire de développement de notre espèce et possède une
valeur considérable au point de vue philosophique" (l. c.
p. 55)[1]).

---

[1]) Ähnlich Mac Lennan, der bei dem ursprünglichen Kommunismus,
wo dem Individuum als solchem noch keine Rechten und Pflichten zu-

Über die Thatsache des Mutterrechtes kann heutigestags bei allen unbefangenen Forschern kein Zweifel mehr
aufkommen, und nur eine gewisse Verblendung oder ein
bodenloser und unfruchtbarer Skepticismus, wie er etwa bei
Starcke (Die primitive Familie, Leipzig 1888) und bei Wester-
marck (The origin of human marriage, Helsingfors 1886)
hervortritt, kann sich dieser Begründung entziehen und das
Matriarchat als vereinzelte Bildung oder gar als Zersetzungs-
produkt auffassen. Wird daher durch diese Theorie die
frühere landläufige Ansicht von dem bekannten, mehr oder
minder idyllisch gedachten Patriarchat umgestofsen, so bedarf es allerdings zu allererst der kritisch gesicherten Ant-
wort auf die verhängnisvolle Frage, ob das Mutterrecht hinlänglich verläfslich bezeugt ist. Überlassen wir nochmals
Giraud-Teulon das Wort, indem er auf diese Fragestellung
so erwidert: „Nous n'hésitons pas à répondre affirmative-
ment. Observée directement par des témoins aussi nom-
breux que peu crédules, l'existence de cette famille utérine
ne saurait être mise en question pour la plupart des peuples
que nous venons de passer en revue. Elle a été signalée
dans l'antiquité par quelques auteurs grecs, dans le moyen
âge par les écrivains arabes et depuis le XVI^me siècle
jusqu'à nos jours par des multiples relations de voyageurs
européennes, dont les renseignements précis, toujours indé-
pendant les uns des autres, se confirment mutuellement.

kommen, in der Beziehung der Kinder zur Mutter die einzig sichere
Basis für eine Erbfolge erblickt: „Wherever this had been the case (nämlich das Fehlen der individuellen Ehe), the paternity of children must
have been uncertain; the conditions essential to a system of kinship
throngh males being formed would therefore be wanting; no such system
would be formed; there would be-there could be-kinship through females
only" (Studies p. 126). Hellwald unterscheidet von der ursprünglichen
endogamen Muttergruppe das eigentliche Matriarchat, eine jüngere Bildung,
wo das bewegliche Eigentum schon sich individualisiert habe, wo die Frau
dem Ackerbau obliege, und eine gewisse Gesittung, insbesondere eine aus-
geprägte Friedensliebe hervortrete (Familie S. 203; so auch Bachofen,
Mutterrecht S. 312).

La déposition de ces témoins oculaires ne saurait d'ailleurs être suspecte. D'Hérodot à Munzinger, voyageurs anciens, explorateurs modernes, tous ont employé le même vocabulaire d'exclamations, témoignant de leur surprise à la découverte inattendue d'une semblable institution. Leur étonnement, l'absence de tout système à priori ou de thèse à défendre, leurs tentatives d'interprétation le plus souvent infructueuses, sont pour nous un précieux garant de la fidélité de leurs rapports. La plupart d'entre eux, limités à un champ d'observation relativement restreint, ont ignoré que la singularité locale que les frappait se répétait dans les temps et les lieux les plus divers, et n'ont nullement cherché à généraliser cette anomalie accidentelle. Le plus souvent l'observateur, après avoir enregistré dans ses notes ce phénomène inexplicable, passait outre, ainsi que ferait un naturaliste à la vue d'un débris fossile de forme insolite ne rentrant dans aucune classification connue. La critique la plus défiante est donc autorisée à accorder un témoignage désintéressé de ces écrivains la valeur d'un document scientifique" (l. c. p. 29).

Dies mutmafslich älteste System der Verwandtschaft, nach welchem das Kind nur mit seiner Mutter verwandt ist, dagegen mit seinem Vater weder in einem moralischen noch rechtlichen Verhältnis steht, demzufolge also auch die Männer stets nur Spröfslinge für andere Geschlechter zeugen, während die Frauen stets Kinder für ihr eigenes Geschlecht gebären, ist üblich bei den meisten Indianervölkern und oceanischen Stämmen, bei der indischen Urbevölkerung, bei vielen semitisch-hamitischen Völkern, endlich bei den Neger- und Kongovölkern. Reste, bedeutsame Rudimente desselben finden sich aber weit verstreut bei den meisten anderen Völker, die in historischer Zeit dem Vaterrecht sich angeschlossen haben, und dahin sind z. B. die meisten Nachrichten der alten Schriftsteller über solche Erscheinungen zu ziehen, z. B. betreffs der Phönizier, Hebräer, Lykier, Etrusker, Ägypter u. s. w. Als praktischen Kom-

mentar für diese, unserem Empfinden so äufserst befremd-
liche Struktur der ältesten Familiengliederung kann man
die Zustände betrachten, welche bei den Malaien auf den
Padangschen Oberlanden in Sumatra noch heutigestags
herrschen. Bachofen beschreibt dieselben folgendermafsen:
„Das malaische Sa-Mandei, d. h. der engste Familienkreis
(Gezin), besteht aus der Mutter mit ihren Kindern; der
Vater gehört nicht dazu. Die Verwandtschaft, welche diesen
mit seinen Brüdern und Schwestern verbindet, ist eine
nähere, als die mit seiner Frau und seinen eigenen Kindern.
Auch nach der Ehe und trotz derselben verbleibt er ein
Glied des Gezin, wozu jene ersteren gehören, und ihr Haus,
nicht das, in welchem seine Frau lebt, ist seine eigentliche
Wohnung, sein wahres Heim. Obwohl er daher seiner Frau
in der Bestellung ihrer Felder Hilfe leisten, ihr auch hie
und da Kleider oder andere Unterstützung geben mag, so
ist doch das Gezin, dem er seinen Beistand zunächst schuldet,
dasjenige, welchem er durch seine Geburt angehört, und
diesem fällt auch seine Verlassenschaft zu. Durch die Ehe
werden die Bande nicht gelockert, durch welche der Malaie
an seinen Blutsverwandten gebunden ist, nie verläfst er den
Kreis, in welchem er aufwuchs, um enger an das neue Gezin
sich anzuschliefsen, als an jenes, dem er seinen Ursprung
verdankt. Vielmehr bleiben die alten Beziehungen in voller
Kraft; lebenslang bilden Frau und Mann kein anderes Gezin als das, welches jedes von ihnen in seinen Brüdern und
Schwestern besitzt. Haupt des Gezin ist in der Regel der
älteste Bruder von der Mutterseite, der Mamak (avunculus),
wie er genannt wird. Diese Person ist nach Rechten und
Pflichten der eigentliche Vater der Schwesterkinder. Nach
seinem Ableben tritt von den männlichen Gliedern des
Samandei, dem die Mutter durch ihre Geburt, nicht durch
ihre Ehe angehört, der älteste Sohn an die Stelle des Oheims.
Ist noch keiner der Söhne zu seinen Jahren gekommen, so
wird die Mutter mit der Leitung des Gezin betraut, und
erst dann, wenn die Mutter und die Mutterbrüder nicht

mehr am Leben, die Kinder aber minderjährig sind, erst
dann tritt der Vater als Haupt der Familie auf. Da nun
der Mann mit dem Unterhalt der Frau und Kinder nicht
belastet ist und in der Regel nicht genügend dafür sorgt,
so liegt die Pflicht der Alimentation auf dem Gezin, zu
dem die Mutter mit ihren Kindern gehört. Dazu dienen
die Güter des Gezin, das sogenannte Harta poesaka, das ein
unveräufserliches Gesamteigentum desselben bildet. An das
Gezin nämlich mufs der Nachlafs jedes Malaien fallen, sei er
verheiratet oder nicht: seine Güter gehen auf diejenigen Blutsverwandten über, die ihm nach malaischen Begriffen die nächsten sind, also auf seine Brüder und seine Schwestern, nach
diesen auf die Schwesterkinder, niemals auf seine Frau noch
auf die Kinder, die er mit dieser erzeugt hat. Während
seiner Lebenszeit hat er zwar das Recht des Hibah, d. h.
der donatio inter vivos, und kann also auch seinen Kindern
eine Zuwendung machen, aber dies darf nur mit Vorwissen
der Brüder und Schwestern geschehen und ist überhaupt
wenig gebräuchlich. Mit der Verwaltung des Harta poesaka
ist das Haupt des Gezin betraut; die gröfste Freiheit wird
ihm darin gelassen; aber der Hadat (das Gewohnheitsrecht)
bindet ihn an feste Regeln. Nach dem Ableben aller Männer
des Gezin wird dieses als aufgelöst betrachtet, das Harta
poesaka aber unter den Häuptern derjenigen Gezinen, die
aus dem aufgelösten hervorgegangen sind, zu gleichen Teilen
geteilt. Solange Brüder von der Mutterseite am Leben sind,
werden die Kinder dieser Mutter noch nicht als Mitberech-
tigte an dem Harta poesaka betrachtet, die Mutter allein hat
Anteil daran, und erst dann, wenn die Brüder gestorben
sind, wird das Gezin, welches aus der Mutter und ihren
Kindern besteht, Eigentümer einer Portion. Die Mutter
gehört, solange ihre Brüder leben, zu zwei Gezinen, aber
das jüngere Gezin wird noch nicht als berechtigt anerkannt"
(Antiquar. Briefe S. 54).

Derselben uralten volksphysiologischen Anschauung begegnen wir, wie bereits erwähnt, vielfach anderwärts auf

Erden. Wir greifen auf gut Glück noch einige Beispiele heraus. Wie die Mutter die alleinige Spenderin des jungen Lebens und Blutes ist, so ist darum auch das Kind nur allen denjenigen Personen verwandt, die demselben Lebensquell ihre Existenz verdanken. Für die Frau ist der nächste männliche Blutsverwandte der Bruder von derselben Mutter, deshalb ist dieser auch ihr natürlicher Beschützer und hat als solcher die Verpflichtung, über sie zu wachen, resp. z. B. auch für ihre Verheiratung zu sorgen. Und dieselbe Anschauung setzt sich nach oben konsequent fort; von den älteren Personen ist für das Weib der Bruder der Mutter, also der mütterliche Onkel (falls auch ihn und diese wieder dieselbe Mutter geboren hat), der Gegenstand besonderer Verehrung. Eines der bedeutsamsten Merkmale in den alten Verwandtschaftsbezeichnungen ist daher (bemerkt Hellwald) die Unterscheidung zwischen dem väterlichen und dem mütterlichen Onkel, dem Oheim und dem Vetter, dem $\vartheta\varepsilon\iota o\varsigma$ und $\pi\alpha\varrho\alpha\delta\varepsilon\lambda\varphi o\varsigma$ ($\pi\alpha\tau\varrho\omega o\varsigma$). Die Wolofneger Senegambiens nennen die Brüder des Vaters Papae und die Neffen väterlicherseits Domae, d. h. Kinder, während die Kinder der Mutterbrüder (Nidhiaye) Dhiaerbale, d. i. Neffen und Nichten heifsen. Die Römer selbst unterscheiden den väterlichen Oheim als patruus (pitraya im Sanskrit) vom mütterlichen avunculus, und avunculus ist eine Verkleinerungsform von avus, Grofsvater oder Ahn. In analoger Weise unterschied man im Deutschen zwischen Muoma oder Muhme, nämlich Mutterschwester oder Matertera, und Base oder Vaterschwester, eine Unterscheidung, die durch das Vorwiegen der Benennung Tante verlorengegangen ist. Der Mutterbruder oder Oheim mütterlicherseits steht nun bei einer grofsen Anzahl von Volksstämmen in einer besonderen Beziehung zu seinem Neffen, die nicht besser ausgedrückt werden kann, als mit den von Tacitus bei den Germanen gebrauchten Worten, indem er von dem avunculus (qui apud patrem honor) sagt: sanctiorem arctioremque hunc nexum sanguinis arbitrantur. Die gröfsere Heiligkeit dieses

Verwandtschaftsverhältnisses, die Ansicht, daſs die Verwandtschaft zwischen Oheim und Neffe eine engere sei, als zwischen Vater und Sohn, findet sich unter anderem bei den Batta auf Sumatra, bei den Vitiinsulanern im pacifischen Ocean, bei den Kenaivölkern Nordwestamerikas, bei den Khasia in Assam, an der Malabarküste, bei den Schwarzen am Kongo, in Loango, Senegambien und an unzähligen anderen Orten, ganz vornehmlich aber in Afrika, und zwar dort, wie anderwärts zumeist in Verbindung mit der matriarchalischen Verwandtschaft, von welcher im Altertume Spuren bei den Lokrern, Etruskern und Lykiern sich zeigen[1]) (Familie S. 204). Dahin gehört auch die Notiz des Nicolaus Damascenus, daſs bei den Lykiern der Besitz von der Mutter auf die Tochter übergehe, nicht auf den Sohn, so daſs damit auch offenkundig die Erbfolge nach streng weiblichem Prinzip geregelt erscheint.

Die Wirkungen des Mutterrechts sind auſserordentlich mannigfaltig. Zunächst ist hervorzuheben, was schon flüchtig berührt wurde, daſs überall die Kinder bei exogamen Ehen dem Verbande der Mutter folgen; das gilt für alle soziale Abstufungen, einerlei ob wir es mit Totemfamilien, Stammesabteilungen oder Hausgenossenschaften, Kasten u. s. w. zu thun haben. Und ebenso entscheidet sich dadurch die weitere Konsequenz der sozialen Stellung des Kindes, ob adelig oder unfrei; selbst wo die Väter Sklaven sind, sind die Kinder frei, falls die Mutter eine Freie war[2]). Ebenso vererben sich, wie schon angedeutet, höhere Würden und Ämter; ebenso geht die Pflicht der Mundschaft auf die nächste durch die Weiberseite verwandte Person über, die dann auch bei der Volljährigkeitserklärung eine Rolle zu

---

[1]) Bekanntlich hat seiner Zeit Bachofen seine folgenreiche Untersuchung angeknüpft an die bedeutsame Notiz Herodots von den Lykiern, daſs, wenn sie nach ihrer Herkunft gefragt würden, das Geschlecht ihrer Mutter angäben und sich nach ihren Müttern benannten.

[2]) So bei den Berbern, an der Guineaküste, bei den alten Lykiern, bei den Batak auf Sumatra u. s. w.

spielen hat. Dasselbe Prinzip wird befolgt für die Erbfolge im Vermögen. Endlich ist in betreff der Blutrache nur derjenige zu ihrer Ausübung verpflichtet und berechtigt, die irgend mutterrechtlich mit dem Erschlagenen verwandt sind. Aufser den direkten Zeugnissen für den Bestand des Matriarchats giebt es aber auch noch eine ganze Reihe höchst bedeutsamer R u d i m e n t e, prähistorischer Überlebsel, welche dem Auge des kundigen Forschers die Struktur der ganzen sozialen Organisation, von der sie nur ein versprengtes, geringfügiges Stück darstellen, verraten. Wir müssen uns bei der grofsen Fülle des Materials auf einige Erscheinungen notgedrungen beschränken. Zunächst sei in Anknüpfung an die eben besprochene Erbfolge an das Neffenrecht erinnert, wie es z. B. Bastian an der Westküste Afrikas vorfand, der die Verhältnisse folgendermafsen schildert: „Die Prinzen betrachten sich alle als Brüder aus einer Familie und können sich deshalb nicht mit Prinzessinen vermählen, sondern sind auf Frauen des Volkes (aus dem Fioth) angewiesen, weshalb ihre Kinder nicht den Titel Fume (Prinzen) führen, sondern Mani-Fume (Prinzensöhne) genannt werden und prinzlichen Ranges entbehren. Die Söhne der Prinzessinnen dagegen sind volle Prinzen, obwohl ihr Vater fast immer dem Fioth angehört. Die Prinzessinnen bleiben gröfstenteils unverheiratet, da sie sich mit den Prinzen (als ihren Brüdern) nicht vermählen können und ein Gemeiner die Verheiratung mit einer Prinzessin meidet, weil diese nach ihrem Belieben mit anderen Männern zusammenlebt, während er enthaltsam sein mufs und als Gatte einer Prinzessin keine andere Frau berühren darf. Sobald die Prinzessin einen Sohn gebärt, mufs ihr der Gatte für die Ankunft dieses jungen Prinzen zwei Sklaven zahlen oder, wenn ihm dieser Aufwand unmöglich ist, sich selbst als Sklaven stellen. Nur verarmte Fioth, die wegen vieler Kabalen sich nirgends mehr sicher fühlen, gehen die Ehe mit einer Prinzessin ein, da sie dann durch deren Rang geschützt sind" (Deutsche Expedition an der Loangoküste I, 148). Ähnlich ist es in Angola, wo der Oheim, der die volle Macht über seinen Neffen besitzt, als Vater (Tate) angeredet wird. „Der Vater besitzt keine Gewalt über seinen Sohn, den er nicht, wie der Oheim den Neffen, verkaufen kann, und bei eintretender Scheidung folgen die Kinder der Mutter, weil dem Bruder derselben, als Oheim, gehörig. Die Kinder mögen dann von der Mutter erben, während das Besitztum des Vaters auf seinen Bruder oder Neffen übergeht" (a. a. O. S. 166). Und dazu gehört noch die bei Bastian angeführte Notiz Bosmans über Guinea: „Der Bruder oder die Schwesterkinder sind die rechtmäfsigen und allein zulässigen Erben, so dafs der älteste Sohn in der Familie seines Mutterbruders Gut erben mufs oder auch dessen Sohnes, wenn er einen hat, und die älteste Tochter ihrer Mutterschwester Gut oder auch deren Tochter, wenn sie eine hat, erblich nehmen mufs. Die von Vaterseite noch lebenden Freunde, als der Vater, Bruder und Schwester, werden für Nichts gerechnet und folglich zu keiner Erbschaft gelassen". Endlich ist es eine Illustration desselben Gedankens, wenn Bastian in Assam auf der Leichenstätte der Kassia die Malsteine der Familienangehörigen je um den mütterlichen Oheim geordnet fand.

Eine andere charakteristische Sitte ist die bei den verschiedensten Völkern bestehende Sitte einer mehr oder minder starken Feindschaft, jedenfalls einer geflissentlich zur Schau getragenen Abneigung zwischen Schwiegersohn und Schwiegersleuten, andererseits auch zwischen den Ehegatten selbst. So erzählt Bastian, dafs bei den Ashanties Schwiegersohn und Schwiegermutter sich nur aus respektvoller Entfernung unterhalten dürfen, mit niedergeschlagenen Augen, ohne sich gegenseitig anzusehen, nur verstohlen miteinander verhandeln und beim Begegnen mit abgewendetem Gesicht aneinander vorübergehen (Deutsche Exped. I, 168). Ähnliches wird von den Kaffern, oder um einen anderen Erdteil zu nennen, von den nordamerikanischen Stämmen

der Dakota, Assiniboin, Omaha und Mandans berichtet[1]).
Die eigentümliche Spannung, welche zwischen den Ehegatten bei dem wilden Räuberstamm der Tubus in der
Sahara nach der Schilderung von Nachtigal herrscht, hat,
wie Lippert vermutet, ihren Grund darin, dafs die jetzige
harte Raubehe als ein gewaltthätiger Eingriff in die geheiligten Rechte der Familie und damit von der Mutter ganz
besonders schwer empfunden wurde. „Die Ehe ist jetzt
daselbst Kaufehe. Der Frauen sind wenige in diesem armen
Lande, ihre Arbeit ist hart, ihr Preis darum hoch: Kamele,
Esel, Schafe und Ziegen; aber noch mischt sich viel Altes
mit Neuem. Während der Lappe noch selbst in Person dem
Hause seiner Schwiegermutter angehört, führt der Tubu
seine Frau schon in sein Haus, behält sie aber hier nur
sieben Tage, dann aber kehrt sie für längere Zeit wieder
in das Haus der Eltern zurück. Ihr Verhalten erinnert an
die Zeit getrennter Männer- und Frauenwirtschaft; nie nimmt
sie Nahrung in Gegenwart ihres Mannes zu sich, es giebt
für beide kein gemeinsames Mahl. Selbst ungesühnte Feindseligkeit scheint die Sitte zu bezeichnen: sie spricht zu ihm
nur abgewendeten Gesichts und vermeidet es, seinen Namen
auszusprechen. . . . Noch weiter zurück führt der Brauch:
Der verheiratete Mann verliert eigentlich sogar noch seinen
Namen, ganz als wäre er immer noch durch die Ehe das
Glied eines fremden Hauses geworden; nur als der Vater
seiner Kinder wird er umschreibend bezeichnet, als hänge
immer noch am Kinde der Muttername und das Mutter-
geschlecht. Auch die Anverwandten seiner Frau scheinen
das Gefühl zu haben, zu ihm in eine höchst delikate und
schwierige Stellung getreten zu sein. Für die Schwiegereltern und die Geschwister der Frau wird er ein Individuum,
dessen man nur im Notfalle unter seinem eigenen Namen
Erwähnung thut, und das man meidet, soweit es möglich
ist. Sitzt er in einer Gesellschaft von Männern und seine

---

[1]) Vgl. Post, Studien zum Familienrecht S. 100.

Schwiegermutter kommt herbei, so steht er eiligst auf und
entfernt sich; kommt sein Schwager und erblickt ihn, so
bleibt er zwar sitzen, doch jener geht vorüber. Andererseits
setzt er sich nicht nieder in einer Versammlung, in der
sich sein Schwager befindet, sondern zupft sich seinen Litam
(Schleier) über das Gesicht und schreitet vorüber . . . Es
ist in der That bewunderungswürdig, mit welcher Selb-
ständigkeit die Frauen der Tubu dem Hausstande vorstehen
und in der Abwesenheit ihrer Männer die gemeinsamen Geschäfte besorgen. Der Mann bleibt monate- und selbst jahre-
lang aus, und Haus und Kinder, Ziegen und Kamele bleiben
ganz der Frau überlassen, welche, ohne jemals fremden
Beistandes zu bedürfen, alles überwacht, die Kinder ab-
wartet, die Haustiere besorgt, Kauf und Verkauf abschliefst,
den Wohnsitz wechselt und Reisen im Innern des Landes
macht. Ja, man hegt im allgemeinen in Tibesti die Ansicht,
dafs die Frau besser zur Besorgung dieser Geschäfte ge-
eignet sei als der Mann. Die Frauen haben dort in der
That nicht allein den determinierten Gang eines Mannes
und seine Fertigkeit im Tabakkauen, Gewohnheit und Erziehung haben ihnen auch den geschäftlichen Sinn, den
Verstand und die Entschlossenheit gegeben, die sonst nur
dem starken Geschlecht eigen zu sein pflegen" (bei Lippert,
Geschichte der Familie S. 44).

Ebenso offenbart sich in der Art der Haushaltung ein
sehr bedeutungsvolles Zeichen einer älteren, vielfach eben
nicht mehr zu Recht bestehenden Organisation. Wie Männer
und Frauen sich auch äufserlich voneinander in bestimmten
Associationen sonderten, so auch in Bezug auf die Mahlzeiten;
besonders ist das der Fall bei bestimmten Speisen, deren
Genufs den Frauen untersagt ist, wie z. B. auf den Südsee-
inseln Schweinefleisch, Schildkröten u. s. w., während sie
sich in der Hauptsache auf vegetabilische Kost zu beschränken haben. Gemeinsame Mahlzeiten existierten nicht,
vor allem nicht, wenn es sich um den höchsten Leckerbissen
handelte, um das Fleisch des erschlagenen Feindes. Ähnlich

ist es in Afrika, wie Lippert erzählt: „Wie der Zulu und Betschuane noch den Ackerbau der Frau[1]) und die Viehzucht der Männer als zwei getrennte Betriebe betrachtet und bis zu einem gewissen Grade behandelt, so teilen auch dort beide Geschlechter sich in verschiedene Arbeit, wenn auch schon eine Art Industrie an die Stelle der Viehzucht oder zu dieser hinzugetreten ist. Hier scheinen die Frauen und Männer trotz ehelicher Bündnisse wenigstens teilweise, gleich den genannten Stämmen in den Heidenstaaten, getrennte Wirtschaftsverbände zu bilden, indem wenigstens die Männer sich gesellig zusammenhalten und gemeinsam am Wohle des Hauses und Staates arbeiten. Sie bringen zu dem Zweck den Tag gesellig in einer jener öffentlichen Ortshallen zu, die man in Westafrika Palaverhäuser nennt. Indem sie hier, wie es Sache des Mannes ist, unter Konsumtion des ortsüblichen Getränkes grofse und kleine Politik treiben, nähen sie allenfalls die schmalen Leinwandstreifen zu den gesuchten Tobenstoffen zusammen. Die Frauen aber bringen das Männeressen und die entsprechenden Mengen Getränks in diese Versammlungen, so dafs die Männer auch gemeinsam speisen und zechen, indes die Frauen ihre Mahlzeiten für sich einnehmen" (l. c. S. 52). Betreffs Sparta erinnere man sich der bekannten Syssitien, die übrigens, beiläufig bemerkt, auch in anderen griechischen Staaten bestanden.

Auch in moralischer Beziehung macht sich bis weit in die Zeit des späteren Vaterrechts hinein das ursprüngliche Matriarchat in der überall zu beobachtenden Ehrfurcht geltend, die den Frauen und insbesondere den Müttern von dem stärkeren Geschlecht entgegengebracht wird. Es war schon früher auf die ungeheuchelte Ehrerbietung hinge-

---

[1]) Dasselbe berichtet Strabo von den alten Cantabrern, wo der Schwiegersohn in das Haus der Frau übersiedelt, Livingstone von den Balonda am Zambesi im südöstlichen Afrika und Loskiel von den Irokesen; vgl. im allgemeinen Dargun, Mutterrecht und Vaterrecht, I. Hälfte. Die Grundlagen, Leipzig 1892, S. 63 ff.

wiesen werden, welche die wilden Räuberstämme der
Sahara ihrer Frau zu erweisen pflegen; dasselbe ist der
Fall — nur noch vielleicht in einer stärker ausgeprägten
politischen Form — bei den sogenannten Heidenstaaten,
südlich von den Njillem in Zentralafrika, wo die Bewohner,
wie seiner Zeit sich Nachtigal überzeugen mußte, — anfänglich hielt er die Sache für eine reine Fabel — von einer
Königin regiert werden. Deshalb wird ihr Land auch Bê-
Mbang-Nê Land der Königin genannt. Dazu führt Hellwald
noch eine bezeichnende Parallele an: „Einer der chinesischen
Urstämme wird von einem Weibe beherrscht, das den Titel
Noi-Tak führt. Die Unterthanen bringen ihrer Regentin
die denkbar größte Verehrung entgegen; sie sind als Nue-
Kun, d. h. das von einer Frau regierte Volk, bekannt und
von den Chinesen dieserhalb ganz besonders verachtet. Die
Thronfolge ist auf die weiblichen Mitglieder einer bestimmten Dynastie beschränkt" (Gesch. d. Fam. S. 215). Endlich
gehört dahin, was Nachtigal von dem Stamm der Baele
in Zentralafrika erzählt: „Bei den Baele scheint der Re-
spekt vor dem Erzeuger, die Achtung vor dem Alter auf
einer niedrigen Stufe zu stehen. Sobald der Sohn zum
Manne herangereift ist, fühlt er sich vom Gehorsam gegen
den Vater entbunden; er zankt und streitet mit ihm, wie
mit einem Fremden, und es soll nicht selten geschehen, daß
er wegen irgend eines Streitobjekts die Waffen gegen den
erhebt, der ihn erzeugte. Wenn dieser alt und gebrechlich
wird und eine junge Frau hat, so kommt es wohl vor, daß
der Sohn sich ohne weiteres in den Besitz der letzteren
setzt, während ihm nach der Landessitte dieselbe erst nach
dem Tode des Vaters zufallen würde" (Sahara und Sudan Il, 176)[1]).

---

[1]) Auch für die ältere ägyptische Entwicklung scheint diese Hoch-
schätzung der Mutter zuzutreffen, wie aus dem in Steinschriften häufig
vorkommenden Ausdruck hervorgeht: Mein Herz ist von meiner Mutter
(vgl. Lippert, Kulturgesch. II, 49). Sodann in betreff der hervorragenden
Stellung der germanischen Hausmütter, die durch die Deutung der Lose
den Beginn eines Kampfes entscheiden vgl. Lippert, Familie S. 58.

Nicht minder charakteristisch sind endlich die Überlebsel früherer Anschauungen und Einrichtungen auf religiösem Gebiete, wieder ein neuer Beweis für den unver-
brüchlichen Zusammenhang des sozialen Lebens mit religiösen
Vorstellungen. Bachofen hat die epochemachende Bedeutung
des Eumenidenmythus in der Äschyleischen Orestie zum
erstenmal in dieser Beziehung richtig gewürdigt; es trifft hier
die ältere, aber vor den siegreichen älteren Ideen der neuen
Zeit widerwillig zurückweichende Organisation des Mutterrechts mit dem Vaterrecht zusammen; der Konflikt scheint
schneidend und unlösbar, bis endlich unter der Vermittlung
der mannweiblichen Athene eine gewisse Versöhnung ein-
tritt und das alte, unheimliche Werk der Blutrache durch
das nach strengen Rechtsgrundsätzen urteilende Blutgericht
abgelöst wird [1]). „Vor diesem Gerichtshof (bemerkt Lippert)
vertritt nun in der Tragödie die Erinnys das Mutterrecht
gegen Apollo und Orest. Sie kann von ihrem Standpunkt
aus nicht anerkennen, dafs auch das Weib eine Blutschuld
treffe durch den Mord des Gatten und des Vaters ihres
Kindes. „Sie war dem Manne nicht blutsverwandt, den sie
erschlug,“ — darum hat keine Erinnys rächend ihre That
verfolgt; die Rache folgt nur dem Blute, darum stürzt sie
sich auf Orest allein:

> Trug denn, du Blutger, unter ihrem Herzen sie
> Dich nicht? Verschwörst du deiner Mutter Blut?

So ist der Mann vogelfrei gegenüber dem herrschenden
Weibe; aber Apollo führt die Rache ein auch für den Mann
und zugleich das beschränkende Gericht; er heifst Orest
die That vollbringen und reinigt ihn vom Blute; Apollo
verkündet vor den Richtern das jüngere Gesetz der Vaterfolge:

> Nicht ist die Mutter ihres Kindes Zeugerin,
> Sie hegt und trägt das auferweckte Leben nur;
> Es zeugt der Vater, aber sie bewahrt das Pfand,
> Dem Freund die Freundin, wenn ein Gott es nicht verletzt.

---

[1]) Vgl. Bachofen, Mutterrecht S. 45 ff.

Die Erinnyen erfassen ganz die Wucht des Satzes und
der Zeiten Umschwung:

Darnieder stürzest du die Mächte grauer Zeit!
Du, der junge Gott, willst uns, die alten niederrennen.

Athene entscheidet mit ihrem Stein den Spruch, und
sie, die der Mythus mutterlos gemacht (ihre Geschichte
wiederspiegelnd) zerschneidet vollends den Faden der Vergangenheit:

Für Orest leg ich diesen Stein hinein,
Denn keine Mutter wurde mir, die mich gebar.
Drum acht ich minder sträflich jetzt den Mord der Frau,
Die umgebracht hat ihren Mann, des Hauses Haupt.

Dies war das erste Blutgericht unter den Sterblichen;
die Vergangenheit kannte nur Rache — kein Gericht. Kla-
gend singt der Chor der geschlagenen Erinnyen:

O neue Götter — alt Gesetz und uraltes Recht,
Ihr rennt sie nieder, reifst sie fort aus meiner Hand.

Athene ist wieder die Vermittlerin. Zwar nehmen die
Erinnyen, dem alten Mutterkult entsprechend, ihren Wohnsitz in den Tiefen der Erde; aber Athene, die weise Göttin,
sichert ihnen Kult und Verehrung der Menschen und gewinnt sie so; in der That hat Hellas neben den uranischen
Kulten der Eroberer die chthonischen des friedlichen Hauses
bewahrt, neben dem des Odysseus auch der Penelope ihr
herrliches Denkmal gesetzt" (Familie S. 79).

Um mit diesem Kapitel abzuschliefsen, so nennen wir
noch an letzter Stelle die zahlreichen Amazonensagen, in
denen sich religiöse und soziale Motive mischen. Wenn
auch der Zusammenhang dieser Erscheinung mit dem von
Bachofen verfochtenen anfänglichen Hetärismus, so wie dieser
überhaupt, fraglich erscheinen kann, so dürfte doch die
folgende Darstellung im ganzen auf Zustimmung rechnen:
„Das Amazonentum stellt sich als eine ganz allgemeine
Erscheinung dar. Es wurzelt nicht in dem besonderen

physischen oder geschichtlichen Verhältnis eines bestimmten Volksstammes, vielmehr in Zuständen und Erscheinungen des menschlichen Daseins überhaupt. Mit dem Hetärismus teilt es den Charakter der Universalität. Die gleiche Ursache ruft überall die gleiche Wirkung hervor. Amazonenerscheinungen sind in die Ursprünge aller Völker verwoben. Aus dem inneren Asien bis nach dem Occident, aus dem scythischen Norden bis in den Westen Afrikas lassen sie sich verfolgen; jenseits des Oceans sind sie nicht weniger zahlreich, nicht weniger sicher, und selbst in sehr nahe liegenden Zeiten mit dem ganzen Gefolge der blutigsten Rachethaten gegen das männliche Geschlecht beobachten wir sie. Die Gesetzmäfsigkeit der menschlichen Natur sichert grade den frühesten Stufen der Entwicklung am meisten den typisch-allgemeinen Charakter. Eine zweite Thatsache schliefst sich dieser ersten an. Das Amazonentum bezeichnet trotz seiner wilden Entartung eine wesentliche Erhebung der menschlichen Gesittung ... In ihm tritt das Gefühl der höheren Rechte des Muttertums zuerst den sinnlichen Ansprüchen der physischen Kraft entgegen, in ihm liegt der erste Keim der Gynäkokratie, welche auf die Macht des Weibes die staatliche Gesittung der Völker gründet. Gerade hierfür liefert die Geschichte die belehrendsten Bestätigungen." (Mutterrecht S. 24). Bezeichnend ist endlich für diese mythologische Übergangsepoche die Heroenfigur des die neue Aera, die Vaterschaft vertretenden Herakles, der sich, wie treffend Diodor sich ausdrückt, vorgenommen hatte, das ganze menschliche Geschlecht ohne Ausnahme zu beglücken und es deshalb für Unrecht hielt, einige Völkerschaften unter der verächtlichen Frauenherrschaft zu belassen. Herakles erscheint daher überall als Weiberfeind, als Heros des Vaterrechts.

## 2. Das Vaterrechtssystem.

Den entsprechenden Gegensatz zu der durch die Mutter vermittelten Verwandtschaft bildet das System des Vaterrechts, das ebenfalls weit auf der Erde verbreitet ist. „Es ist (schreibt Post) das herrschende System bei allen indogermanischen, mongolisch-tartarischen, semitischen Völkern, sowie bei den Chinesen, Japanern und Koreanern. Im indianischen Völkergebiet erscheint es vereinzelt, namentlich bei südamerikanischen Stämmen und bei den Kulturvölkern Zentral- und Südamerikas. Im oceanischen Gebiet ist es im allgemeinen selten; häufiger findet es sich nur im malaischen Archipel. In Afrika ist es das herrschende System bei den Hottentotten und ihren Verwandten. Bei den Semito-Hamiten, Negervölkern und Kongovölkern erscheint es häufig neben dem Mutterrechtssystem" (Grundriss d. ethnol. Jurispr. I, 79). Es setzt jedesmal eine Erstarkung des Vatertums voraus, meist auf herrschaftlicher Basis durch die weitere Entwicklung des Schutzverhältnisses zwischen dem Stammherrn und Frauen und Kindern; auch das Beziehen fester Wohnsitze spielt dabei eine gewisse Rolle, wobei natürlich dann die dadurch bedingte Veränderung der Lebensweise noch mit in Betracht kommt. Wie schon früher erwähnt, finden sich viele instruktive Beispiele des allmählichen Überganges von der ursprünglichen mutterrechtlichen zur späteren vaterrechtlichen Verwandtschaft, während der umgekehrte Fall einer Entwicklung des Matriarchats aus dem Patriarchat schlechterdings nie vorkommt. Schon dieser Umstand bildet ein starkes Präjudiz für die Priorität der mutterrechtlichen Verwandtschaft.

Maßgebend ist vor allem der Gedanke, daß nun nicht mehr, wie vordem, das natürliche Blutsband den biologischen und sozialen Zusammenhang begründet, sondern die Gewalt. Es kann daher die allmähliche Zersetzung des ursprünglichen Prinzips nur so vor sich gegangen sein, daß anfänglich die Kinder von Sklavinnen oder Adoptivkinder den

Besitz des Vaters ausmachten, während seine leiblichen
Spröfslinge solange noch in der Mundschaft des Mutterbruders blieben, bis sie durch Brautkauf und die sich daraus entwickelnden Konsequenzen sein Eigentum wurden
(vgl. Post, Grundlagen des Rechts S. 97). Aus dieser Perspektive erklärt sich die häufig fast schrankenlose Macht
des Patriarchen über Leben und Tod der Seinen, eine Befugnis, die sich schon auf das zarteste Alter erstreckt.
Lippert bemerkt: „Der Vater des Herrenrechts hat zunächst
keine Pflichten; das Kind der in seiner Mundschaft stehenden
Mutter kann keinem anderen gehören als ihm, aber dieses
Recht des Besitzes verpflichtet ihn nicht. Nur er kann das
Kind aufnehmen, aber niemand mufs es aufnehmen. Es ist
gar nicht sein Kind, wenn er es nicht aufgenommen; erst
nach erfolgter Aufnahme gewinnt es den Anteil an dem
Schutze des Hauses, das im Vater repräsentirt ist. In der
That wurde bei den Altgermanen — insbesondere erhielten
uns altnordische Sagen die Kenntnis der Sitte — das neu-
geborene Kind auf den Boden gelegt, und der Herr des
Hauses entschied. Hob er es auf oder befahl er, es zu
thun, so wurde es hiermit sein Kind; im anderen Fall
blieb es nicht am Leben. Nicht minder galt in Rom der
Satz: Geburt und Aufhebung machen rechtmäfsige Kinder.
Die sublatio mufs zur Geburt hinzukommen. Die nor-
dischen Chronisten sprechen fast immer mit Beziehung auf
den Vater nur von Kindern, die er „aufgehoben", von der
und jener aufgehoben, nicht von solchen, die er gezeugt
habe oder die ihm geboren worden seien; denn mit Zeugung
und Geburt ist ihnen das Verhältnis zum Vater noch nicht
geknüpft; erst durch Aufhebung geschieht solches. Das Gegenteil führt zur Aussetzung der Kinder. Unser Gefühl sträubt
sich, den Umfang zu erfassen, in welchem diese einst auf
der ganzen Erde geübt wurde. Von welchem wilden Volke
berichten die Reisenden nicht die bezügliche Nachricht, und
in welches Volkes Urgeschichten spielen nicht die Aus-
setzungssagen eine Rolle! Überall ist die Aussetzung ur-

sprünglich gedacht als ein selbstverständliches Recht der
Eltern; nur verliert unter Vaterherrschaft konsequenter-
weise die Mutter das Recht der Entscheidung. Sie würde
jetzt durch Tötung des Kindes, wenn nicht einen Mord,
so einen Diebstahl am Vermögen des Mannes begehen. Die
Entscheidung aber des Vaters kann in der Urzeit durch
nichts beschränkt gewesen sein. Wohl aber konnten mancherlei Gründe für die Aussetzung sprechen. In der Regel
war es die harte Lebensnot und die Unmöglichkeit einer
zulänglichen Fürsorge, welche in irgend einer Form an das
Haus herantraten" (Familie S. 124). Und doch liegt es nur
zu nahe, daß der Herr doch in der Auswahl der seinen
Besitz repräsentierenden Kinder nicht nur und allein sich
durch äußere Gründe (Gesundheit) leiten ließ, sondern auch
durch Vorstellungen, die auf das ursprüngliche Blutsband
zurückgriffen. Mag er zum Helfer und Beistand sich irgend
einen seiner Knechte ausersehen, in betreff der eigenen
Nachfolge wird er immer dem eigenen Blut den Vorzug
geben, und unzweifelhaft mit Recht behauptet Dargun: „Auch
die Gewaltbeziehung zwischen Vater und Kind kann zu
einer äußerst innigen werden. Der Vater sieht im Sohn
einen Streiter im Kampfe für die Interessen seines Geschlechts,
einen Fortpflanzer seines Namens und seines Ruhmes"
(Mutterrecht und Vaterrecht, Grundlagen S. 89)[1]).

Im ganzen und großen läßt sich mit Giraud-Teulon das
System der Mutterverwandtschaft als eine durch die Natur
selbst erzwungene Notwendigkeit charakterisieren, oder, wie er
es auch bezeichnet, als eine Einrichtung des Naturrechts im
Gegensatz zu der Bestimmung des bürgerlichen Rechts im
Patriarchat, das sich auf die bloße brutale Gewalt des Mannes
gründet. Es kommt diesem Recht der Besitzergreifung, das
sich in der Vaterherrschaft ausdrückt, ein gewisser künst-
licher Charakter zu, im Gegensatz zu der natürlichen Verwandt-

---

[1]) Vgl. im allgemeinen Giraud-Teulon, Les origines de la famille
p. 144 ff., Letourneau, L'évolution du mariage p. 375 ff., Mac Lennan,
Studies p. 198 ff., Maine, Ancient Law p. 138 ff.

schaft sehen wir hier schon die Anfänge einer fictiven (les
origines p. 146). Um so weniger gerechtfertigt war es, wenn man
auf Grund der bekannten biblischen und homerischen Schil-
derungen in dieser sozialen Struktur den Anfangspunkt der
staatlichen Entwicklung überhaupt finden wollte, indem man
von diesem innerhalb seiner Familie mit unumschränkter Sou-
veränetät herrschenden Hausherrn ausging und dann in un-
merklicher Grenzverschiebung aus der Familie einen Clan und
aus diesem einen Stamm hervorwachsen liefs. Wie schon früher
bemerkt, konnte sich diese mit apriorischer Sicherheit auf-
tretende Ansicht den gewichtigen Zeugnissen der modernen
Völkerkunde gegenüber nicht halten, und es erschien, wie
Giraud-Teulon sich ausdrückt, unterhalb der klassischen
Völker ein weites Areal menschlicher Wesen, die während
einer unbegrenzten Periode einst grofse Flächen des Erdballs eingenommen und Notwendigkeiten, Gesetzen und Ideen
gehorcht haben, die ganz und gar denen der historischen
Völker entgegengesetzt sind. Die organischen Gesetze der
Familie während dieser altertümlichen Periode scheinen
ganz allgemein auf dem natürlichen Grunde der Mutterfolge
und nicht auf dem Prinzip der väterlichen Gewalt beruht
zu haben (l. c. p. 7).

Die Wirkungen dieses Vaterrechtssystems lassen sich
ebenso konsequent bis in das Detail des praktischen Lebens
(von der sozialen Struktur zu schweigen) verfolgen, wie
beim Mutterrecht, nur selbstverständlich nach der entgegengesetzten Richtung. Zunächst tritt das wieder betreffs des
Namens und der Erbfolge hervor; wo mithin Vater und
Mutter eines Kindes verschiedenen sozialen Verbänden angehören, z. B. verschiedenen Totemfamilien, Stammesabteilungen, Hausgenossenschaften u. s. w., folgt das Kind jeder
Zeit dem sozialen Verbande des Vaters. Dasselbe gilt vom
Namen. Ferner vererben sich sämtliche soziale Unterschiede
und Auszeichnungen, Adel, Freiheit, Häuptlingswürde, König-
tum, Kaste u. s. w. nach der Vaterseite. Ebenso sind alle
Pflichten und Rechte anderer Art Eigentum des Mannes und

seiner leiblichen Descendenten, so die Obhut über alle vater-
rechtlich verwandte Personen, das Recht über Leben und
Tod, Verkauf- und Verpfändungs-, ferner Verlobungsrecht,
die Befugnis, die Frauen zu verkaufen, das Recht auf Blutrache u. s. w. Endlich könnte man noch erwähnen; daſs
bei Vaterrecht die Kinder im Fall einer Ehescheidung oft
dem Vater verbleiben, während andererseits freilich auch
der Fall vorkommt, daſs die Kinder an und für sich in
das Geschlecht der Mutter fallen, der Vater aber das Recht
hat, dieselben der Frauenfamilie abzukaufen, so z. B. bei
der Ambil-anak-Ehe auf Sumatra, oder es erstreckt sich
dies Recht nur auf die Möglichkeit des Erwerbes der
Knaben, während die Töchter der Mutter verbleiben. Einen
charakteristischen Rest dieser Anschauung, der sich im alt-
irischen Recht findet, führt Post an: „Der Entführer hatte
auf Kinder, welche im ersten Monat erzeugt wurden, kein
Recht, sondern sie gehörten der Familie der Mutter. Diese
kann sie dem Entführer verkaufen. Bei gewaltsamer Entführung steht es in ihrer Wahl, ob sie dies will. Will sie
es, so muſs der Entführer sie kaufen. Bei Entführung mit
Zustimmung der Frau hat dagegen der Vater die Wahl, ob
er die Kinder kaufen will oder nicht; will er es, so ist die
Familie der Frau gesetzlich verbunden, sie ihm zu verkaufen" (Studien S. 11).

Daraus geht hervor, was wir später bei der Raubehe
noch genauer sehen werden, daſs für diesen ganzen, so folge-
schweren Umschwung der Dinge die Vorstellung der Besitzergreifung, wie oben schon angedeutet, des persönlichen
Erwerbes und der individuellen Nutznieſsung maſsgebend
war. Wie im Laufe der Entwicklung der erbeutete Gefangene nicht mehr nach dem rohen und nationalökonomisch
widersinnigen Prinzip einfach hingeschlachtet, sondern als
Sklave im Haushalt verwendet wurde, so fiel auch das
erbeutete Weib als persönliches Sondereigentum in die
Hände des kühnen Entführers, der damit ein ausschlieſsliches Anrecht über sie erworben hatte, worauf seine übrigen

Geschlechtsgenossen keinen Anspruch geltend machen konnten. Richtig bemerkt Hellwald: „Auch bei den Nichtnomaden, sofern sie nur Frauenraub übten, erwuchs dadurch nach einer Entwicklung von unberechenbarer Dauer das Eigentum am Weibe, indem die allmähliche Entwicklung des Privateigentums die Herrschaft über das Weib in ein Eigentumsverhältnis umwandelte, d. h. in ein vom Gemeinwesen geschütztes und gewährleistetes Herrschaftsverhältnis. Erst diese Gewähr des Privatbesitzes macht ihn zum Privateigentum, und erst diese letzte Stufe des Privateigentums am Weibe stellt einen Begriff dar, der jenem unserer Ehe einigermaßen entspricht. Eine Ehe wurde aus diesem Besitzverhältnisse allerdings nur dadurch, daß endlich die Stellung der Mutter vom Boden des Mutterrechtes aus auf die erworbene stammfremde Frau übertragen wurde; im anderen Falle sonderte sich von der Frau die Kebsin und die Sklavin. Weil nun der Mann im Besitze des Weibes ist, darum gehören auch deren Kinder als ihre Frucht in sein Eigen. So entsteht (und das ist besonders beachtenswert) ein neuer Begriff des Vaters als desjenigen Mannes, der die Herrschaft über eine Gruppe ihm eigentümlich zugehörender Menschen übt. Der Vater in diesem Sinne ist der Herr, der Patriarch. Die Vorstellung des Erzeugers ist damit aber noch nicht verknüpft“ (Familie S. 285) [1]). Mit dieser Anschauung hängt die vielfach verbreitete Sitte zusammen, irgend einen gemeinsamen Stammherrn des Geschlechts aufzustellen, obwohl nachweislich kein biologischer Zusammenhang existiert. Offenbar soll dadurch, nach Analogie der früheren Blutsverwandtschaft, die Solidarität der ganzen Organisation verstärkt werden, das Gefühl einer Zusammengehörigkeit, das sich bisweilen über ganze Generationen erstreckt. Bei den verschiedensten Völkerschaften, rohen und kultivierten, treffen wir diese Vorstellungen an, so bei den Tungusen, den alten Iren, Pikten, Gälen, Türken,

---

[1]) Vgl. Lippert, Kulturgeschichte II, 83 ff.

Armeniern, Griechen und verschiedenen afrikanischen Stämmen. Besonders bekannt sind in dieser Beziehung die vollständig fingierten Stammväter bei den Arabern. „Die arabischen Genealogisten wandeln auch Ortsnamen in Vorfahren um, und manche arabische Tribus sind auch nach Göttern und Göttinnen genannt. Alle Araber, welche einen Gentilnamen (nisba) führen, leiten ihre Genealogie auf zwei grofse Stämme zurück, nämlich auf den Yemenetischen mit dem Stammvater Cahtân und den Ismailitischen mit dem Stammvater ʿAdnân. Letzterer Stamm heifst auch Maada oder Nirâr nach dem Sohne und Enkel ʿAdnâns" (Post, Studien S. 24) [1]).

Diese hervorragende Stellung des Stamm- und Ahnherrn wird noch erhöht durch den religiösen Nimbus, der ihnen öfters zu teil wird. Diese religiöse Verehrung ihrerseits beruht auf der animistischen Basis, dafs die Geister der Verstorbenen, und zwar je mächtiger diese auf Erden gewesen sind, um so mehr imstande sind, den Hinterbliebenen zu schaden, eventuell natürlich zu nützen. Das ganze komplizierte System religiöser Gebräuche und Institutionen (vgl. dazu Lippert, Kulturgesch. II, 236 ff. und Bastian, Wie das Volk denkt, Berlin 1892, S. 109 ff.) mit der Pathologie und Therapie der Besessenen, der wüsteste Fetischismus bis zur feinsinnigsten und geläutertsten Idee von der Versöhnung göttlicher Mächte wird beherrscht durch diesen centralen Gedanken von der Wirksamkeit der von dem Körper nach dem Tode sich lösenden Seele, die auf die Erde wieder zurückkehrt und alles nur erdenkliche Unglück anstiftet, falls sie nicht rechtzeitig versöhnt und beschwichtigt ist. Daher eben der auf der ganzen Erde verbreitete Ahnenkult, der seinen letzten Ausläufer noch bis in unsere Zeit entsendet, nämlich in dem Allerseelenfest,

---

[1]) Vgl. Mac Lennan, l. c. p. 205, wo die verschiedenen Veränderungen und Beschränkungen erörtert werden, welche für die Ehe durch diese gemeinsame Abstammung von einem Ahnherrn eintraten; davon noch später bei der Raubehe.

wie es selbst das leichtlebige Paris auf dem Père Lachaise
alljährlich veranstaltet (vgl. Tylor, Einleitung in das Studium
der Anthropologie S. 424). Nur ein Beispiel, welches Maine
erzählt, möge dieses Herkommen veranschaulichen: „Bekannt ist, daß in Indien der Vater, Großvater und Urgroßvater ihren entwickelten Hauskult mit Liturgie und Ritus
haben. Täglich wird im Hause jedes Hindu das „shradda"
dem Vater, Großvater und Urgroßvater dargebracht, und
es ist bekannt, wie große rechtliche Wirkungen dieser
Hauskult in Indien hat" (Maine, Early law and custom 1883,
S. 55 und 57, bei Post, Studien S. 22). Wie tief aber überhaupt der Menschheit der uralte, unausrottbare Animismus
im Blute sitzt, kann man daraus ermessen, daß selbst ein so
durch und durch rationalistisch veranlagtes, höchst nüch-
ternes und praktisches Volk, wie die Chinesen, ganz und
gar unter dem Banne dieser Ahnenverehrung stehen. Sie
vergessen nie an den Festtagen, ihren Vorfahren einen ge-
bührenden Anteil an ihren Mahlzeiten zukommen zu lassen,
genau so wie in Guinea z. B. die Neger den Bildern ihrer
verstorbenen Angehörigen regelmäßig Speise und Trank dar-
bringen, und es ist wohl noch in aller Erinnerung, wie seiner
Zeit die Anlage, resp. Weiterführung von Eisenbahnen im Reich
der Mitte scheiterte, weil die Regierung sich außer stande-
sah, den verhängnisvollen Glauben zu brechen, daß mit
dem Getöse und Lärmen der Züge die Ruhe der Toten
gestört würde. Daß auch die antike Welt in ihrem Laren-
und Penatenkult denselben Anschauungen huldigt, bedarf
wohl keiner besonderen Darlegung.

Ehe wir die regulären, durch das Patriarchat bedingten
Formen der Ehe durch Raub und Kauf genauer betrachten,
müssen wir noch mit einigen Worten einer Erscheinung
gedenken, die, ein untrügliches Zeichen dieser Umwandlung
des ursprünglichen mutterrechtlichen in den späteren vaterrechtlichen Zustand, doch noch von den verschiedenen
Forschern sehr abweichend erklärt wird, es ist die Couvade
oder das sogenannte Männerkindbett. Sie ist über einen
großen Teil der Erde verbreitet (am wenigsten erscheint

sie in Afrika), selbst in Europa ist sie unter den Basken
nach einigen Nachrichten bis in dies Jahrhundert hinein
beobachtet. Die anfängliche Deutung, welche Bachofen ihr
zu teil werden liefs, nämlich dadurch den Zeugungsanteil
durch eine symbolische, möglichst unzweideutige Hand-
lung aufser allem Zweifel zu stellen, ist von den meisten[1])
Forschern später angenommen, von denen nur Giraud-Teulon angeführt sein mag: „Wie sollte man die Blutsverbin-
dung zwischen Vater und Kind ersichtlich machen? Im
System der Mutterverwandtschaft war die Sache einfach:
Das Band zwischen Mutter und Kind, dem Geburtsakt
selbst entspringend, gestattete den Verwandtschaftsbegriff
auf eine unbestreitbare Thatsache zu begründen. Der Mann
hingegen — unfähig, seinen Zeugungsanteil, und namentlich die Ausschliefslichkeit desselben, zu beweisen, konnte
seine Vaterschaft nur auf eine rechtliche Vermutung oder
Fiktion basieren. Fiktionen und Abstraktionen sind aber
dem Verständnis unentwickelter Völker schwer zugänglich,
man mufs daher sinnliche Handlungen und äufserliche
Ceremonien zu Hilfe nehmen. Um die Verwandtschafts-
beziehung zwischen Vater und Sohn festzustellen, glaubte
man sich genötigt, den Akt nachzuahmen, welches das Kind
mit der Mutter verbindet, das Wochenbett nachzuahmen
und den Vater der Mutter gleichzustellen, indem man ihn
zur zweiten Mutter machte. Der Mann wurde daher zur
Rolle einer Wöchnerin verurteilt und mufste sich zur Nachahmung des Geburtsaktes hergeben. Infolgedessen wurde
das Kind der Spröfsling seines Vaters, wie er es schon von
seiner Mutter war: es besafs nun eine doppelte Abstammung.
Von den verschiedenen Arten, die bei den wilden Völkern
im Schwange sind, um das Blutband zwischen zwei Menschen auszudrücken, ist diese Nachahmung der Natur das
gewöhnlichste Symbol. Es giebt wenige Sitten, die mehr

---

[1]) Vgl. Bastian, Verhandlungen der Gesellschaft für Anthropologie
etc. 1886, S. 337, Letourneau, L'évolution du mariage p. 397, Giraud-
Teulon, Les origines p. 125 u. s. w.

verbreitet wären als diese, und ihre Verteilung bis auf die entlegensten Punkte des Erdkreises, ihre Hartnäckigkeit bis in unsere Tage hinein beweisen, dafs sie für die alten Völker eine Ceremonie war, die ihrem Geist eine Bürgschaft und eine wesentliche Basis gab für die Anerkennung des Vaters" (l. c. S. 165). Der Widerspruch, den Dargun gegen diese Deutung erhebt (Mutterrecht a. a. O. S. 20 ff.), mag insofern begründet sein, als es wohl fraglich ist, ob wir es überhaupt mit einer Kopie des weiblichen Wochenbettes zu thun haben, weil ein solches bei den Naturvölkern vielfach gar nicht vorkommt. Nichtsdestoweniger halten wir doch in der Hauptsache diese Auffassung für berechtigt, dafs sie durch einen symbolischen Akt die Übertragung der verwandtschaftlichen Beziehung und damit auch der Rechte an den Vater darstellt, obschon man Dargun darin zustimmen kann, dafs es sich hierbei wesentlich um die entstehende Vatergewalt gehandelt habe. Dafs aber auch jenes andere Moment nicht völlig fehlt, das geradezu wohl als sympathetischer Connex auftritt, ist daraus zu ersehen, dafs sich der Vater, wie Dobrizhoffer von dem Abiponen berichtet, den peinlichsten Fasten hingeben und überhaupt einer grofsen Ruhe und Mäfsigkeit sich befleifsigen mufs, will er nicht das junge Leben empfindlich gefährden. Ganz unzutreffend erscheint uns die von Hellwald lebhaft verteidigte Ansicht Lipperts, der hierin ein Sühne- und Entsagungsopfer des Vaters erblickt: „Sie besteht bald aus einem, bald aus beiden Ablösungsmomenten zugleich: der Vater enthält sich, von der Geburt des Kindes an, durch eine Zeit lang der Jagd auf gewisse Tiere und gewisser oder selbst aller Speisen, — er feiert und fastet — oder er läfst sich durch irgend welche Verwundungen eine beträchtliche Menge Blut abzapfen, die so als Opferblut vergossen wird, oder es findet beides zugleich statt" (Kulturgesch. II, 312, vgl. Hellwald, Familie S. 362). Denn erstlich beschränkt sich, wie Dargun mit Recht hervorhebt, die Couvade nicht auf das erstgeborene Kind — und nur bei

diesem wäre es angebracht, an eine mystische Ablösung zu
denken, an ein Opfer an die Gottheit — und zweitens wäre
es unerfindlich, wie diese Schonung des sprossenden Lebens
gerade bei Völkern aufkommen und sich befestigen konnte,
bei denen der Kindesmord im ausgedehntesten Mafse ohne
jede Scheu geübt wurde. Diesem religiösen Motiv gegenüber, das ja nicht völlig gefehlt haben mag, tritt mit un-
zweideutiger Sicherheit und Unanfechtbarkeit vielmehr das
entsprechende sociale gegenüber, dafs, wie Letourneau sich
ausdrückt, in der Empörung des Individualismus gegen den
ursprünglichen Kommunismus sich bethätigt; es bezeugt,
dass der Mann seine Frau oder seine Frauen nicht mehr mit
beliebig vielen anderen seiner Genossen teilen will, dafs er
seine Kinder für sich beansprucht, die deshalb auch in der
Folge seinen Besitz erben sollen. Endlich ist wohl zu bemerken, dafs die Couvade ganz besonders bei den Indianern
Amerikas sich erhalten hat, d. h. in einem Kontinent, wo das
System der Mutterverwandtschaft sehr verbreitet war, resp.
noch ist.

Eine erhebliche Befestigung des Patriarchats ging aber
aus von der Raub-, Kauf- und Dienstehe, drei Formen der
Eheschliefsung, denen wir uns jetzt zuzuwenden haben.

### a) Die Raubehe.

Obwohl die Raubehe auch bei Völkerschaften mit aus-
geprägtem Mutterrecht vorkommt, so entfaltet sich dieselbe
doch zu ihrer vollen Blüte mit dem steigenden Übergewicht
des Mannes, wo er souverän das Scepter schwingt und die
Zahl der Frauen zugleich den Bestand seiner persönlichen
Machtsphäre ausmacht. Überall auf Erden, wo sich eine
Geschlechterverfassung entwickelt hat, finden wir den Frauenraub als eine legale Institution, sodafs sie mit dem Zerfall jener
auch von selbst verschwindet. Wir werden dadurch an die
Anfänge der socialen Organisation überhaupt geführt, wo die

einzelnen Horden sich streng nach aufsen abschlossen und
noch nicht durch irgend ein gemeinsames Band (sei es ein
jus connubii oder ein jus commercii) miteinander verknüpft
waren. Gerade hier mufste die Versuchung für die jüngeren,
mit starker Sinnlichkeit ausgestatteten Stammesgenossen,
denen die Weiber von den stärkeren, vollentwickelten
Männern vorenthalten wurden, naheliegen, wie früher schon
angedeutet, sich auf diese Weise durch Entführung fremder
Frauen schadlos zu halten. Diese öfter unter eigener
Lebensgefahr erbeuteten Weiber bildeten dann, um mit
lateinischem Ausdruck zu sprechen, das peculium castrense,
den Sonderbesitz der betreffenden Kämpfer, auf den die
übrigen Stammesgenossen keinen rechtlichen Anspruch
haben konnten. Post schilderte diese Sitte folgendermafsen:
„Die aufserordentlich weite Verbreitung der Raubehe in
ihren verschiedenen Formen läfst den Schlufs fast unaus-
weichlich erscheinen, dafs der Raub unter bestimmten Or-
ganisationsformen die regelmäfsige[1]) Art war, um zu einem
Weibe zu gelangen. Die Geschlechterverfassung bietet für
diese Erscheinung insofern eine ausreichende Erklärung,
als die eigenen Geschlechtsgenossenschaften oft nur durch
ein äufserst schwaches sociales Band miteinander verknüpft
sind und daher eine auf eine Verheiratung von Personen aus
verschiedenen Geschlechtsgenossenschaften abzielende Ver-
einbarung stets ihre Schwierigkeiten hat. Solche Zwischen-
heiraten entstehen daher naturgemäfs durch einen Bruch
des geschlechtsgenossenschaftlichen Völkerrechts und einen
alsdann zwischen den beteiligten Geschlechtern erfolgenden

---

[1]) Anders Hellwald, der wenigstens für die friedfertigen und daher
schwächeren Stämme Endogamie annimmt, indem sich aufserdem bei ihnen
die Scheu vor Blutnähe wenig oder doch nicht genügend ausgebildet
habe (vgl. Familie S. 280). Mc. Lennan fafst umgekehrt Endogamie und
Raubehe als strenge Gegensätze und nimmt die letztere nur an, wo eben
Endogamie verboten ist (vgl. Studien S. 104 ff.). Auch Letourneau zählt
die Raubehe nicht zu den legalen Eheformen und spricht ihr die Universalität ab (vgl. L'évolution p. 116 und p. 127).

Friedensschlufs. Der Frauenraub führt, dem Charakter der
Geschlechterverfassung entsprechend, an sich zum Geschlech-
terkrieg. Dieser kann jedoch durch Zahlung einer Bufse
vermieden werden, und so geht denn oft der sühnbare
Frauenraub unmittelbar in den Brautkauf über. Übrigens
wird der Frauenraub unter Umständen so sehr eine legale
Eheform, dafs es umgekehrt als Rechtsbruch erscheint, dem
Räuber das geraubte Mädchen wieder wegzunehmen, und
anderseits der Räuber sich derselben nicht wieder entledigen
darf. „So steht auf Serang eine Bufse von drei Gongs darauf,
wenn die Eltern eines geraubten Mädchens dieses aus der
Wohnung des Räubers fortführen, und die gleiche Strafe
trifft den Räuber eines Mädchens, wenn er dasselbe kurz
nach dem Raube den Eltern zurückschickt" (Studien S. 138).
Natürlich ist es deshalb nicht ausgeschlossen, dafs trotzdem
endogame Beweibung bestand, schon allein für die schwächeren Stammesgenossen. In der Hauptsache blieb der Raub
ein Vorrecht der Starken, die eben dadurch, wie schon erwähnt, sich ihre Beute als ein unverletzliches Privateigentum sicherten.

Der Frauenraub wird geübt entweder als realer Raub
oder als ein symbolischer Akt, wo höchstens noch ein
Scheingefecht an den blutigen Ernst früherer Zeiten erinnert. In der ersten Form findet er sich bei allen wilden
Völkerschaften, so, um nur ein Beispiel anzuführen, in
Australien, wo die Frau in Abwesenheit ihrer Beschützer
überfallen und unter Mifshandlungen und Schlägen trotz
allen Widerstrebens in die Heimat des Räubers geschleppt
wird. Die selbstverständliche Folge dieses schweren Rechts-
bruches ist Krieg, entweder als Blutrache für die persönlich
Betroffenen oder in weiterer Ausdehnung als Geschlechter-
krieg. So führt (wie Post erzählt) in Australien der
Frauenraub regelmäfsig zu einem Kampf zwischen den beteiligten Personen, zwischen dem Räuber einerseits und
dem Gewalthaber (Vater, Gatte oder Bräutigam) anderseits.

Dieser Kampf geht in vorgeschriebenen Formen vor sich.
Der Räuber wird mit einem Schild versehen, und sein
Gegner wirft aus einer bestimmten Entfernung Speere oder
sonstige Waffen gegen ihn. Gelingt es ihm, dieselben ab-
zuwehren, so darf er das Weib behalten; wird er kampf-
unfähig gemacht, so reklamiert der Gewalthaber dasselbe
(Studien S. 143). Es kann aber auch durch Zahlung einer
bestimmten Bufse[1]) (wie in der Ablösung der Blutrache)
eine Aussöhnung zwischen den beiden streitenden Parteien
herbeigeführt werden, oder es findet ein Scheingefecht statt,
das je nach der Lage der Sache bald sehr ernsthaft werden
kann, bald aber eine reine Komödie ist. Einige Beispiele
mögen diese Entwicklung veranschaulichen: Bei den
Wadschagga am Kilima Ndscharo besteht die Hochzeitsfeier-
lichkeit darin, dafs, nachdem der Kauf der Braut vorher
abgemacht ist, der Ehemann seine Frau huckepack entführt,
während die Verwandten und Freunde ihn schreiend und
lachend verfolgen, als ob sie das kreischende Mädchen ihm
wieder abnehmen wollten; aber das Ganze ist natürlich
nur Schein und ein Überbleibsel alter Gebräuche; denn
heutzutage bekommt ein Mann seine Braut nur dann, wenn
er den Kauf vorher mit seinem künftigen Schwiegervater

---

[1]) Lippert erinnert an ein recht bedeutsames Rudiment in der lex
salica bei den Franken, wo der Räuber (der Bräutigam des Mädchens)
eine Bufse von 6½ Schillingen zahlen soll, die drei nächsten Gehülfen
30 Schillinge u. s. w. (vgl. Geschichte der Familie S. 151). So auch bei
den Serbiern. Dafs auch den Ariern der Urzeit die Raubehe nebst ihren
weiteren Ablösungsformen durchaus nicht fremd gewesen ist, hat Dargun
erwiesen (Mutterrecht und Raubehe S. 146). Das bekannteste Beispiel
derselben aus der klassischen Litteratur ist der Raub der Sabinerinnen.
Auch Dargun, der eine unmittelbare Beziehung der Verwandtschaft zur
Raubehe leugnet, giebt doch wenigstens so viel zu, dafs der Frauenraub,
obwohl er das Patriarchat und die Agnation nicht geschaffen habe, sie
überall habe vorbereiten helfen, wo immer sich die Entführungsbufse in eine
Ablösung und diese in einen Brautpreis verwandelt habe (vgl. Grundlagen
S. 127). Ähnlich Post, (Globus 1893 Nr. 4 S. 53 ff.), der zwischen dem
Hausherrn und dem leiblichen Vater streng unterscheidet.

geregelt hat (Hellwald, Familie S. 244). „Auf der Insel
Sumba findet bei fürstlichen Hochzeiten zwischen den
Freunden des Bräutigams und der weiblichen Begleitung der
Braut unter betäubendem Geschrei ein geregeltes Gefecht
statt. Bei den Lampongern entführt bei der Hochzeit der
Freier das Mädchen und verbirgt es in seinem Hause.
Nach einiger Zeit kommt der Vater an der Spitze einer
Schar Bewaffneter, um seine Tochter zu suchen. Am Ein-
gange des Kampongs wird er ebenfalls von bewaffneten
Personen erwartet. Zwischen beiden Teilen wird ein Tur-
nier geliefert und ein Hahnengefecht abgehalten, wobei es
so eingerichtet wird, dafs die Partei des Vaters der Braut
überwunden wird. Bei den Redjangern entführt nach Be-
endigung der Verhandlungen zwischen den beiderseitigen
Eltern der Bräutigam über Nacht die Braut. Am folgenden
Morgen rückt der Vater mit bewaffneter Mannschaft zum
Dorf des Bräutigams, um die Tochter zu suchen. In-
zwischen hat sich auch der Vater des Bräutigams mit bewaffneten Leuten umgeben. Hier kommt es jedoch nicht
mehr zum Gefechte, sondern nur noch zu Verhandlungen.
Noch abgeschwächter erscheint das Scheingefecht bei den
Nandowessis (Sioux), bei denen die Ehe durch Abschiefsen
von Pfeilen über die Köpfe der Brautleute geschlossen
wurde, was durch die Verwandten geschah, welche als
Zeugen dabei anwesend waren. Dagegen grenzt der folgende
Brauch noch dicht an die wirkliche Fehde. In Neu-Süd-
wales wird das Mädchen, auch wenn die Ehe ihm und den
Seinen recht ist, stets heimlich von dem Bräutigam und
seiner Partei überfallen und womöglich geraubt. Da aber
die Angehörigen des Mädchens auf ihrer Hut sind, so
kommt es meist zu einem sehr hitzigen Kampfe, in welchem
die meisten und oft sehr hitzigen Prügel die Braut empfängt, welche beide Parteien hin- und herzerren, sodafs
sie auch Verrenkungen beträchtlicher Art nicht selten er-
leidet. Und dabei ist das ganze Gefecht häufig nur ein
Scheingefecht" (Post, Studien S. 144).

Als Zwischenglieder zwischen der ursprünglichen Raub-
und der späteren Kaufehe kann man die Fälle betrachten,
wo die Braut anfangs mit Gewalt geraubt wird, nachträglich aber zur Abwendung der Blutfehde eine Sühne und
Bufse bezahlt wird, oder wo umgekehrt nach der Verein-
barung eines Brautpreises das junge Mädchen entführt wird;
es ist somit eine Vereinigung des Frauenraubes mit dem
Brautkauf. Riedel erzählt folgende Beobachtung: „Will
bei den Galela und Tobeloresen jemand aus einem feindseligen Dorf oder einer feindseligen Familie ein Mädchen
heiraten, so läfst er dasselbe von zwanzig oder mehr weiblichen Verwandten rauben. Sie lauern ihr auf, wenn sie
an den Brunnen geht, Wasser zu schöpfen, oder sich im
Walde befindet, um Brennholz zu machen, binden sie, wenn
sie nicht willig ist, und führen sie in das Haus des Mannes.
Versuchen die Verwandten des Mädchens sie mit Gewalt
zu befreien, so versammeln sich die übrigen Dorfbewohner,
um beide Parteien zu versöhnen. Vor der Erlegung des
Brautpreises darf das Mädchen zu ihrer Familie entfliehen.
Sie wird aber strenge bewacht. Am dritten Tage kommen
die Verwandten, um über den Brautpreis zu sprechen. Hat
der Mann das Mädchen noch nicht berührt, so darf sie ihn
noch stets verlassen. Ist dies aber der Fall, so wird der Brautpreis bestimmt. In den hochgelegenen Teilen der chinesischen
Provinz Kansu gehört die geraubte Ehefrau dem Entführer,
welcher dem ehemaligen Ehemann eine Abfindung zu zahlen
hat" (beides bei Post, Studien S. 148). Endlich noch ein
Beispiel aus Indonesien: „Auf Ambon findet sich die Raubehe unter dem Namen lari bini (lav mahina). Das Mädchen verläfst abends das elterliche Haus und läuft dem
Manne freiwillig nach. Derselbe wartet auf sie vor der
Thür mit Genossen, zwischen denen sie weiter gegeben
wird, um die Verfolger auf falsche Spur zu leiten. Der
Entführer mufs jedoch vorsichtig sein; leckt von der
Sache etwas aus, so halten die Burschen des Dorfes des
Mädchens mit Stöcken die Wacht und prügeln ihn gehörig

durch. Um rechtsgültig zu sein, bedarf das lari bini
einiger Formalitäten. So muſs der Räuber den gebräuchlichen Brautpreis in der Schlafkammer der Geliebten hinter-
lassen, daneben einen von ihm geschriebenen Brief, in welchem die Entführung in blumenreicher Sprache gemeldet
wird. Die Eltern müssen sich dann in die Sache finden,
da die Ehe auch ohne ihre Zustimmung geschlossen werden
kann, weil durch Raub das Mädchen Eigentum des Mannes
wird. Nach einigen Tagen kommt der Bräutigam, um Ver-
zeihung zu erbitten, die ihm pro forma verweigert wird.
Dreimal muſs er zurückkehren, dann erst ist alles ver-
geben" (Post, Studien S. 150 nach Wilken).

Die Konsequenz der Raubehe ist, wie leicht erklärlich,
die, daſs mit dem Weibe zugleich die Kinder Eigentum des
Mannes werden, und insofern kann man Dargun beistimmen,
wenn er sagt: „Diese Kinder sind seine Kinder und stehen
mit ihm in wechselseitigem Erbrechtsverbande, weil ihre
Mutter sein ausschlieſsliches Eigentum ist und sie das
Schicksal ihrer Mutter teilen. Der Vater muſs sich die
Mutterschaft dienstbar machen, um seine Vaterherrschaft
zur Geltung zu bringen. Überhaupt betreffen sämtliche
Fälle, wo Frauenraub oder Ehe mit Sklavinnen in Betracht
kommen, offenbar das Gewalt- und nicht das Verwandt-
schaftsverhältnis und haben für dieses nur insofern Bedeutung, als dadurch im Laufe der historischen Entwicklung die agnatische Verwandtschaft vermittelt wird" (Grundlagen S. 120). Aber damit ist indirekt eben die ja so wie
so unleugbare Beziehung auf die Abstammung vom Blute
des Vaters zugegeben, wenngleich diese Vorstellung sich
erst allmählich in voller physiologischer Ausprägung entwickelt haben mag. Endlich mag noch an den charakteristischen Übergang von der mutterrechtlichen zur vaterrechtlichen Ehe erinnert werden, wo auf Babar und Kisar
(also im malaiischen Rechtsgebiet) der Mann durch eine
Heirat auſserhalb seines Bezirkes aus seinem Stamme ausscheidet. Er kann aber die Frau durch Raub in sein Dorf

herüberbringen, dann gehören die Kinder ihm, und der Raub wird nachträglich durch Zahlung einer Bufse gesühnt (vgl. Post, Studien S. 97; im allgemeinen vgl. Dargun, Mutterrecht und Raubehe und ihre Reste im germanischen Recht und Leben, 1883, S. 78 ff.).

### b) Die Kaufehe.

Auch hier ist, wie bei der Raubehe, von vornherein zu bemerken, dafs an und für sich die Kaufehe sowohl bei mutter- wie vaterrechtlichen Vorstellungen vorkommen kann und wirklich vorkommt, dafs also, rein theoretisch betrachtet, das Verwandtschaftssystem davon unabhängig ist. So kommt es vor, wie Post feststellt, dafs die Kinder an sich in das Geschlecht der Mutter fallen (also matriarchalisches Recht gilt), der Vater aber das Recht hat, sie der Frauenfamilie abzukaufen, z. B. bei der Ambil-anak-Ehe auf Sumatra oder auf Timor, oder bei den Limbus, bei denen der Vater nur die Knaben abkauft, während die Töchter bei der Mutter bleiben. Ein Rest dieser Anschauung findet sich auch noch im alten irischen Recht, „Der Entführer hatte auf Kinder, welche im ersten Monat erzeugt wurden, kein Recht, sondern sie gehörten der Familie der Mutter. Diese kann sie dem Entführer verkaufen. Bei gewaltsamer Entführung steht es in ihrer Wahl, ob sie dies will. Will sie es, so mufs der Entführer sie kaufen. Bei Entführung mit Zustimmung der Frau hat dagegen der Vater die Wahl, ob er die Kinder kaufen will oder nicht; will er es, so ist die Familie der Frau gesetzlich verbunden, sie ihm zu verkaufen" [1] (Familienrecht S. 11). Der weitaus häufigste Fall

---

[1] Diese Abzahlung des Brautpreises ist für einige malaiische Stämme so entscheidend, dafs nur diejenigen Kinder dem Manne zuerkannt werden, welche nach der Bezahlung des Brautpreises geboren werden, während die übrigen in der Familie der Mutter bleiben. Auch ist es bedeutsam, wenn die besonders tiefstehenden Bewohner der Aru-Inseln,

ist aber der, dafs der Mann durch die Zahlung eines
fixierten Brautpreises die Frau aus ihrer Familie in die
seine übernimmt und mit dieser Gegenleistung zugleich das
volle Verfügungsrecht über die späteren Descendenten erwirbt. Es bildet sich somit gerade vermöge der Kaufehe
die bei so vielen Völkern beobachtete, kulturgeschichtlich[1])
schon genugsam bekannte sociale Figur des Patriarchen,
des regierenden Hausvorstehers heraus, die dann im weiteren Verlauf der Dinge zu dem Typus des individuellen,
physiologischen Vaters führt. In diesem Sinne bemerkt
Dargun mit Recht: „Die Entwicklung schreitet dann in der
Richtung fort, dafs der Vater durchaus nur solche Kinder
als die seinen anerkennt, die er selbst gezeugt hat, und zugleich über die Familienzugehörigkeit der Kinder nicht
mehr eine eigentumsähnliche Gewalt über ihre Mutter entscheidet, indem an Stelle des sachenrechtlichen Erwerbes
einer Ehefrau ein rein familienrechtliches Verhältnis tritt.
In der Enwicklung des Familienrechts mufs regelmäfsig das
Stadium der Vatergewalt zurückgelegt werden, bevor dasjenige der Vaterverwandtschaft erreicht wird. Daher die
Bedeutung des Frauenkaufs. Der für die Frau gezahlte
Kaufpreis wird zugleich als Kaufpreis für die Kinder angesehen, weil die Herrschaft über diese nur durch die Herrschaft über die Mutter erlangt werden kann. Schliefslich
rückt dieser dem Sachenrecht analoge Gesichtspunkt so
sehr in den Vordergrund, dafs die Ehe liberorum quaeren-
dorum causa geschlossen wird. Aufserhalb dieser Rücksicht
gilt die Ehe vielfach als bedeutungslos, ja selbst als nichtig

---

wie Riedel berichtet, — die noch unter keiner Häuptlingsherrschaft stehen,
ohne Brautschatz heiraten (bei Post, Familienrecht S. 174), und ebenso
charakteristisch ist es, wenn bei den Duallanegern der Mann eine Rückzahlung des Brautpreises verlangt im Falle der Kinderlosigkeit der Frau.

[1]) Besonders bekannt ist ja aus dem klassischen Altertum die römische
Ehe durch coemptio, neben der die ältere Ususehe noch eine Zeitlang
bestand (vgl. Letourneau, L'évolution etc. p. 149 und Lippert, Kulturgeschichte II, 110 ff.).

oder willkürlich löslich, wenn nicht die Geburt von Kindern erfolgt ist; so namentlich bei verschiedenen afrikanischen Völkern" (Grundlagen S. 122; vgl. Post, Familienrecht S. 203).

Der Frauenkauf setzt seinem ganzen Wesen nach eine streng entwickelte Geschlechterverfassung voraus, indem er lediglich den Abschlufs eines zwischen zwei Associationen vereinbarten Geschäftes bezeichnet, wobei also von irgend einer persönlichen Neigung, namentlich auf Seiten der Frau, gar nicht die Rede sein kann. Diesen ausgesprochen socialen Charakter kann man übrigens schon aus dem Umstande entnehmen, dafs selbst bei beginnendem Zerfall der ursprünglichen Geschlechterverfassung doch der Bräutigam noch berechtigt ist, von sämtlichen Stammesgenossen den entsprechenden Beitrag zu dem Brautpreise einzufordern, wie auch umgekehrt sich diese Summe auf das ganze Geschlecht verteilt. In nacktester Gestalt zeigt so den Frauenkauf, schreibt Hellwald, wohl der schwarze Erdteil und zwar besonders im Bereiche seiner Nomadenvölker. Fast überall ist es da das Kind, welches als Einheitswert gilt. Um Ochsen kauft der Kaffer seine Weiber, um Ochsen verkauft er seine Töchter. Der Wert des Mädchens schwankt, je nachdem es mehr oder weniger hübsch ist und auch nach dem Range des Vaters zwischen 6—30 Stück Rind. Der Preis ist von vornherein zu erlegen, indes kommt es auch wohl vor, dafs der Vater das Mädchen verabfolgt, nachdem er eine Abschlagssumme und für den Rest Bürgschaft erhalten hat. Im allgemeinen aber wird ein Heiratsvertrag erst dadurch gültig, dafs einerseits das Vieh, anderseits das Mädchen abgeliefert wird. Darin besteht das, was wir bei uns das Wechseln des Traurings bezeichnen würden; die (übrigens nicht sehr bindende) Ehe wird dadurch sozusagen erst rechtskräftig. Die Beweibung durch Kauf wird von den Frauen durchaus nicht als Entwürdigung empfunden, das Mädchen ist im Gegenteil stolz darauf, und je mehr Ochsen oder Kühe sie gekostet hat, um so mehr hält sie sich wert. Billiger als die Kaffern thun es die Hottentotten, welche ihre Töchter für blofs einen Ochsen oder eine Kuh hingeben (Familie S. 307). Dieser Wertmesser wird anderwärts durch entsprechend andere, mehr oder minder geschätzte Gegenstände ersetzt, Eisen, Perlen, Baumwolle, Zeug u. s. w. Am schlauesten ausgenutzt haben diese Sitte, wie Lippert sich ausdrückt, die alten Könige von Dahomey, die kein Finanzkünstler je übertroffen, welche, indem sie das Vaterrecht im Stamme auf sich bezogen und beschränkten, als Väter derselben die geschätzteste aller Waren, die Frau, für sich im ganzen Staate monopolisiert haben. Dort zog der König die volle Konsequenz aus der Königsvorstellung, wie sie noch in Ostasien lebt, betrachtete sich als den grofsen Familienvater aller und sonach für den Herrn und Mundinhaber aller Frauen und verkaufte sie für seine Rechnung den Unterthanen zur Ehe (Gesch. d. Fam. S. 112). Dasselbe ist nun der Fall bei den alten Hebräern, bei den Slawen, Germanen, Griechen, Römern, Indern, Chinesen etc., mit einem Worte, wir sind genötigt, in der Kaufehe trotz aller Variationen im einzelnen eine universalgeschichtliche Erscheinung zu sehen. Um aus dem Kreise der durch die geschichtliche Betrachtung uns näher gerückten Völker noch ein Beispiel anzuführen, so seien schliefslich die Griechen genannt. „Die alten Hellenen haben bei ihrem ersten Auftreten in der Geschichte den Kauf als eine veraltete Form schon abzustreifen begonnen, noch aber zeigen die Sagen den Frauenkauf als die einzig richtige Art der Eheschliefsung in der heroischen Urzeit, womit auch des Aristoteles' Bericht übereinstimmt, dafs die Voreltern die Frauen voneinander gekauft hätten. Die griechischen edna, die Hochzeitsgeschenke einer späteren Zeit, sind ursprünglich der Brautpreis, welchen der Freier dem Vater der Braut zu geben hat; daher heifsen die Jungfrauen alphesiboiai oder Rinder einbringend, d. h. den Eltern durch den Brautpreis. In Homers Ilias sehen wir an zahlreichen

Stellen, wie das Weib, d. h. die Gattin von dem Bräutigam
förmlich gekauft wird, und die Höhe des angebotenen
Kaufpreises entscheidet in der Regel den Erfolg des
Freiers. Wie in Indien, sind Rinder der eigentliche Zahl-
wert der Griechen der Iliade. Homer singt: Doch dem
Besiegten stellt er ein blühendes Weib in den Kampfpreis,
klug in mancherlei Kunst und geschätzt vier Rinder am
Werte. Nur in ungewöhnlichem Überbieten giebt darin
Iphidamas hundert für seine Braut. Wie in Indien verliert
sich aber auch hier allmählich der Charakter des Kaufes,
und schon in der Odyssee tritt ein Werben mit Geschenken
an dessen Stelle, während mit fortschreitender Gesittung
sich immer mehr Umstände ergaben, welche den alten
Kaufpreis vor neuem gleichwertigen Ersatze zurücktreten
liefsen" (Hellwald a. a. O. S. 313).

Nach Lage der Sache konnte mit dieser rein geschäfts-
mäfsigen Behandlung des Ehebündnisses nur eine tiefe
Entwürdigung der Frau verknüpft sein. Sie wird rein als
Ware behandelt und demgemäfs auch weiter verhandelt
und vererbt, ist völlig rechtlos, lediglich wie alles
andere ein Stück des patriarchalisch organisierten Haushalts [1]). Dafs keine Neigung irgend welcher Art dabei in
Frage kommen kann, war schon bemerkt, aber es ist auch
beachtenswert, dafs diese Form des Eheschlusses aus begreiflichen Gründen nur ein Vorrecht des Mächtigen, wenigstens
des Reichen ist. Der Arme ist zur entsagungsvollen Enthalt-

---

[1]) Da Post völlig diese Auffassung teilt und die Frau ein nütz-
liches Haustier nennt (Familienrecht S. 175), so hält er auch streng an
dieser Konsequenz fest, wenn er sagt: „Man findet diesen Kauf zwar von
einem anderen Kauf in gewissen Beziehungen unterschieden, und namentlich findet man mit dem allmählichen Zerfall des Brautkaufs und dem Auf-
steigen des Weibes zur gleichberechtigten Lebensgefährtin und der Erhebung derselben zu einem individuellen Rechtssubjekt eine Abneigung
entstehen, den Brautkauf als einen wirklichen Kauf zu betrachten; trotzdem kann man kaum bezweifeln, dafs ursprünglich das Weib beim Brautkaufe als reine Ware behandelt wird" (Grundlagen S. 233).

samkeit verurteilt; es ist die Zwangsmonogamie, der er huldigt, während der von Glücksgütern Gesegnete im Wohlleben, d. h. als Herr und Besitzer ungezählter Weiber, wie wir sie schon bei den afrikanischen und asiatischen Despoten finden, sein Dasein verbringt. Auch dies Verhältnis ist der verschiedenartigsten Nuancierungen fähig, je nach dem Charakter und der Entwicklungsstufe der betreffenden Völkerschaft. Bald finden wir nur den Standpunkt roher, brutaler Gewalt ausgeprägt; den Frauen werden alle Lasten des Haushalts aufgebürdet und noch dazu die stärksten Mifshandlungen zugefügt; sie werden weiter verkauft, an Fremde zur Prostitution (natürlich meist gegen entsprechende Entschädigung) überlassen — was freilich gelegentlich mit mutterrechtlichen Anschauungen zusammenhängen mag (vgl. Letourneau a. a. O. S. 193 ff., besonders S. 210, wo nur die Kabylen angeführt werden, welche allein von allen Völkern kein Konkubinat neben der legitimen Ehe kennen); bald teilt sie mit den übrigen Frauen die Sorgen und Mühen ihres Mannes und sucht ihm das Dasein zu erleichtern, und in dieser Beziehung verdienen die Berichte unserer Reisenden gegenüber den landläufigen Vorstellungen, die wir von den Zuständen der Haremsintriguen und Kabalen abstrahiert und zu einer gewissen Allgemeingültigkeit erhoben haben, gar sehr der Berichtigung. So überzeugte sich (erzählt Lippert) Musters bei den Araukaniern von der Verträglichkeit der Frauen eines Häuptlings; alle drei lebten vollkommen einig und sorgten mit unparteiischer Liebe eine für der andern Kinder. Eine Frau, die nebenbei mit schwerer Arbeit geplagt, drei Jahre lang ihr Kind säugen mufs, hat einigen Grund der Eifersucht auf eine zweite Frau weniger, als bei uns der Fall wäre. Nur in den Fürstenharems sind die Frauen müfsige Bettsklavinnen; die um teures Gut erkaufte Frau des Viehzüchters ist vor allem eine treue und fleifsige Arbeiterin. Sie hat nicht blofs keinen Wunsch, eine Mitarbeiterin zu verdrängen, sondern ein grofses Interesse daran, eine solche zu erhalten.

Selbst der Ehrgeiz kann sie zu diesem Wunsch leiten. Sobald zwei Frauen im Haushalt sind, steigt naturgemäfs die ältere zur leitenden und herrschenden Hausfrau empor; sie wird wenigstens in ihrem häuslichen Bereich eine Herrin neben jener Magd. So hören wir denn von den braven Frauen der Zulus, dafs oft diejenige, die allein in der Wirtschaft ihres Mannes ist, im Schweifse ihres Angesichts arbeite und spare, um nur soviel Gut zusammenzubringen, dass sie ihrem Manne eine zweite Frau kaufen könne. Sie entlastet sich dadurch nicht nur in der Arbeit, sondern es ist ja dann auch ihre Magd, die sie dem Manne gegeben hat; sie versetzt dadurch die ganze Familie in einen Stand von Vornehmheit, dessen Glanz wieder auf sie als erste Frau zurückfällt. Eine solche Frau mag dann nicht wenig gerühmt werden und sich selbst rühmen; das that auch Lea, indem sie, in der Meinung, nicht mehr selbst gebären zu können, ihrem Manne Jacob die Magd Silpha gegeben hatte. Sie hielt das sicher für etwas so Verdienstvolles, dafs es einen Gotteslohn nach sich ziehen müsse! Gott hat mir meinen Lohn dafür gegeben, dafs ich meinem Manne meine Magd gab. Dieser Zug wiederholt sich in der Patriarchengeschichte zu oft, als dafs er nicht recht volkstümlich sein sollte. Auch Rahel giebt ihrem Manne die Magd Bilha. Insbesondere müssen Frauen darauf bedacht gewesen sein, die selbst nicht in der Lage waren, ihrem Manne Nachkommen zu schenken; sie suchten auf jene Weise den Bestand des Hauses zu mehren (Geschichte der Familie S. 133).

Wie ursprünglich der Kaufpreis ein Entgelt für die Frau ist, der nicht ihr, sondern ihrem Geschlecht gezahlt wird (so dafs z. B. bei den alten Arabern dem Vater bei der Geburt gratuliert wird, da sich dadurch sein Vermögensbestand hebt), so geht allmählich mit dem Zerfall der alten Geschlechterverfassung der Kauf in einen symbolischen Akt über, indem irgend eine gröfsere oder kleinere Summe Geldes der Familie der Braut ausgehändigt wird, die dann häufig zur Aussteuer verwendet wird und so den Anfang eines Sondergutes für die Frau bildet. Schliefslich verschwindet, wie Post ausführt, der Brautpreis vollständig, und es bleibt vom Brautkaufe nur noch ein Vertrag zwischen dem Mundwalte der Braut und dem Bräutigam übrig; es ist damit aus dem Brautkaufe die Verlobung geworden, welche jedoch noch nicht als ein auf die Eingehung der Ehe gerichteter Vertrag zwischen einem Manne und einem Weibe erscheint, wie bei uns heutzutage, sondern als ein Vertrag zwischen dem Mundwalt der Braut und dem Bräutigam (Grundlagen S. 235).

Dafs mit dieser Erstarkung der väterlichen Gewalt zugleich sich eine fundamentale Umwälzung der volksphysiologischen Vorstellung über die Abstammung vollzog, ist schon früher erwähnt; gerade wie umgekehrt früher nur die mütterliche Verwandtschaft das natürliche Blutband bildete, so wurde jetzt nur die Beziehung zum Vater ausschlaggebend, freilich erst, wie begreiflich, in einer sehr langsamen Entwicklung. Hellwald beschreibt diesen Hergang folgendermafsen: „Mit der durch das Patriarchat verursachten Knechtung des Weibes entwickelte sich auch die Ansicht, dafs die Natur der Frauen derjenigen der Männer untergeordnet, ja dafs die Fortpflanzung des Geschlechts ausschliefslich Sache der Männer sei, da die Frauen dabei eine sehr untergeordnete Rolle spielen. Schon die alten Ägypter meinten, wie Diodor bezeugt, dafs der Vater die einzige Ursache der Zeugung sei, die Mutter aber dem Kinde nur Nahrung und Aufenthalt gewähre. Die gleiche Vorstellung entwickelte sich bei den Indiern, Hebräern, Griechen und allerdings erst später bei den Römern. . . . Gewann diese physiologische Vorstellung erst genügenden Boden, so fiel mit ihr der Vaterbegriff nach zwei verschiedenen Seiten auseinander; neben den Vater der Herrschaft tritt ein Vater der Verwandtschaft. Damit mufste auch ein neuartiger Familienbegriff entstehen; diesem Begriffe nach mufsten innerhalb der Gesamtfamilie oder Sippe jüngere Familien genau so um den jedesmaligen Vater als den Erzeuger sich ordnen, wie sich solche einst vor Entstehung irgend einer Art von Vaterfamilie um die Mutter geordnet hatten" (Familie S. 531)[1]).

### c) Die Dienstehe.

Neben der Raub- und Kaufehe findet sich auf Erden weit verbreitet die Sitte des Erdienens der Braut; vielfach treten Kauf- und Dienstehe gleichzeitig nebeneinander auf und zwar in der Art, daß, während den Reicheren das bequemere Erwerbsmittel des Kaufes reserviert ist, für die Ärmeren das Erdienen übrig bleibt. Post vermutet, daß diese Erscheinung mit der eigentümlichen Eheform in Zusammenhang steht, bei welcher der Ehemann in die Familie der Ehefrau übergeht und lediglich deren gesetzlicher Liebhaber ist, ohne daß er Familienvater würde, einer Form, wie sie namentlich in der Ambel-anak- und Beena-Ehe uns noch in vollkommener Klarheit vor Augen liegt, daß wir es hier mit einem Überreste der Sklaverei zu thun haben, in welche der Mann in der Familie seiner Frau geriet. Ist dies der Fall, so wird man das Erdienen der Frau auf eine Entwicklungstufe zu verlegen haben, welche von der Stufe der Weiberverwandtschaft und der Gruppenehe zur patriarchalischen Verfassung hinüberleitet. Der Mann erwirbt die Frau jetzt durch den Dienst für sich, während er früher lediglich in der Familie der Frau Sklave war und blieb. Das Erdienen der Frau trägt daher schon einen ganz ähnlichen Charakter, wie der Brautkauf; es ist eine Gegenleistung für die Frau, und es könnte der Brautkauf zum

---

[1]) Vgl. die Schilderung Letourneaus, der die Entwicklung der Familie in den einzelnen Ländern (China, Persien, Indien) und bei den verschiedenen Völkerschaften (Semiten, Berbern, Ägyptern, Griechen, Römern u. s. w.) verfolgt, S. 404 ff. und das allgemeine Resumé S. 427 ff. Sodann Dargun, Grundlagen S. 127 ff. über den neuen Vaterbegriff.

Teil aus dem Erdienen entstanden sein, indem die Dienstleistungen kapitalisiert wären. (Bausteine für eine allgem. Rechtswiss. I, 113). Mit dieser Herleitung stimmt ein instruktiver Fall, den Riedel von den Watubela-Inseln anführt; dort kommt neben der Kaufehe eine zweite Eheform (dakenao) vor, bei welcher der Freier nach vorheriger Verständigung mit dem Mädchen dasselbe heimlich besucht, damit ihre Eltern ihn dort finden. Unter feierlicher Gelobung, dafs er das Mädchen liebe, ergiebt er sich vollständig in die Gewalt der Eltern desselben, als Sklave. Sind die Eltern einverstanden, so bleibt er im Hause der Frau und tritt in die Familie derselben ein. Er arbeitet für die Frau und ihre Kinder, und seine Kinder folgen der Mutter. Kann er später den Kaufpreis bezahlen, so geht die Ehe in die Kaufehe über. Sind die Eltern nicht einverstanden, so mufs der Freier das Haus verlassen und eine Bufse von einem thail Gold bezahlen (bei Post, Familienrecht S. 219). Die Zeit für diese Dienstbarkeit schwankt je nach den Verhältnissen aufserordentlich (bis zu vier und fünf Jahren und noch länger) oder (so bei einigen Indianerstämmen) bildet die Geburt einer Tochter den Wendepunkt. Solange der Mann in der Familie seiner Frau lebt, mufs er sich auch allen möglichen anderen Beschränkungen unterziehen, z. B. darf er vielfach nicht mit seinen Schwiegereltern und der Frau essen, dieselbe nicht in deren Gegenwart anreden, bei Verlassen der Hütte um Entschuldigung bitten u. s. w.

### 3. Zwischenstufen zwischen Mutter- und Vaterrecht.

Wie schon früher erwähnt, finden sich vielfach Mutter- und Vaterrecht gleichzeitig nebeneinander bei den verschiedenen Völkerschaften der Erde und zwar meist so, dafs das eine der beiden Systeme im Niedergang begriffen

ist. So erklärt es sich, dafs das ältere Mutterrecht vielfach
nur in bedeutsamen Rudimenten erhalten ist, während das
Patriarchat immer mächtiger sich entfaltet; das gilt z. B. von
dem uralten Blutrecht, das nach mutterrechtlichen Grund-
sätzen gehandhabt wird, während im übrigen schon das
Vaterrecht zur ausschliefslichen Geltung gelangt ist. Dasselbe ist der Fall in betreff der Eheschliefsung, des Erb-
rechts u. s. w. So berichtet Wilken von Sumatra, wo die
Frau nach der Heirat bei ihren Eltern wohnen bleibt und
die Kinder ihrem Suku folgen. Dagegen haben die eigenen
Kinder des Mannes ungefähr das gleiche Erbrecht gegen
ihn, wie seine Schwesterkinder. Titel und Würden gehen
dagegen noch ausschliefslich in weiblicher Linie über (bei
Post, Studien S. 2). Es kommt ferner vor, dafs, wie Post
erwähnt, die Kinder zwischen den geschlechterrechtlichen
Verbänden, denen die Mutter und der Vater angehören,
verteilt werden, so dafs z. B. das erste, dritte, fünfte Kind
der Mutter, das zweite, vierte, sechste Kind dem Vater zufällt. Bei ungleicher Zahl finden sich für das über-
schiefsende Kind besondere Bestimmungen. Es kommt
z. B. vor, dafs die Mutter sich dasselbe gegen Zahlung
einer bestimmten Summe aneignen kann, oder dafs es
später selbst wählen kann, wohin es gehören will. Anderswo
fällt ein Kind an den Vater, oder das erste und letzte
Kind an die Mutter, oder es fällt das erste Kind an die
Mutter, während die übrigen verteilt werden. Es kommt
auch vor, dafs die Söhne dem Verbande des Vaters, die
Töchter dem der Mutter folgen, kurz, es sind alle Möglichkeiten erschöpft, welche sich daraus ergeben, dafs bald das
mutterrechtliche, bald das vaterrechtliche System überwiegt"
(Grundriss der ethnol. Jurisprudenz I, 85). Dahin gehört
auch der früher erwähnte Fall, dafs die Kinder an und für
sich in den Verband der Mutter fallen, aber vom Vater
gegen Zahlung einer bestimmten Summe ausgelöst und in
den eigenen Verband hinübergeleitet werden können. Ganz
besonders wichtig wird die Entscheidung, wo Vater oder

Mutter unfrei sind; bald tritt dann auch Unfreiheit des
Kindes ein, bald erbt es die Freiheit des einen Teiles der
Eltern; dasselbe trifft für die Kasten zu. Endlich wie bei der
Erbfolge im allgemeinen, so verteilen sich auch im Falle
der Ehescheidung die Kinder zwischen den einzelnen Ehegatten, und zwar so, dafs jedem Ehegatten diejenigen
Spröfslinge zufallen, auf die er nach den allgemeinen Gesetzen der Kinderverteilung in seinem Verbande ein Anrecht besitzt, oder auch wohl so, dafs wie auf Neuguinea,
einfach die Töchter der Mutter folgen, die Söhne dem
Vater. Dafs im übrigen der Vater bestrebt gewesen sein
wird, schon im Interesse der Stärkung der eigenen Macht,
durch Zuwendung persönlicher Vermächtnisse und Über-
lassungen (also namentlich von Werkzeugen und Waffen)
die mutterrechtliche Erbfolge zu umgehen, wie Dargun das
insbesondere von dem Heergewäten und Gerade vermutet, hat
viel für sich. „Durch das Anwachsen der dem Manne
unterworfenen Vermögensbestandteile, dem Umfange und
dem Werte nach, wurde das ganze Erbrecht bei empor-
kommendem Patriarchat zu Gunsten seiner Kinder ver-
schoben, während alle von Uralters her der dazumal herrschenden, mutterrechtlichen Erbfolge unterliegenden Sachen
als Gerade noch lange den Verwandten mütterlicherseits
(mit Bevorzugung des Weibes) vorbehalten blieben. Der
offenkundige Zusammenhang des Heergewätes mit dem
Mutterrecht ist insbesondere mit Rücksicht auf die süd-
slawische und germanische Analogie zu beachten" (Grundlagen S. 137).

## 4. Das Elternrechtssystem.

So viel Streit immerhin noch über die Priorität des
Mutter- und Vaterrechts bei den einzelnen Forschern
herrschen mag, die Frage ist jedem Zweifel enthoben, dafs

das Elternrecht das jüngste System der Verwandtschaft
darstellt und (bis auf verschwindende Ausnahmen) jederzeit
ein Merkmal höherer Gesittung ist. Zu diesen bemerkens-
werten Abweichungen gehört der Fall, den Post von Da-
home anführt: „Hier erben die Söhne der ersten Frau das
gesamte Eigentum ihrer Mutter und die Hälfte des Eigentums ihres Vaters, während die andere Hälfte nominell an
den König geht, der sie gewöhnlich unter die Söhne der
Konkubinen verteilt. Auch von Akkra an der Goldküste
wird berichtet, dafs die Kinder sowohl ihres Vaters als
ihrer Mutter Gut erben" (Afrikan. Jurisprudenz I, 32).

Seinem Wesen nach stellt diese Form der Verwandtschaft den strikten Gegensatz zu der Geschlechterverfassung
dar; denn sie besteht in der Zusammengehörigkeit von
Vater, Mutter und Kind zu einer Familie, so dafs diese eine
neue Hausgenossenschaft bilden. Die Kinder sind den
beiderseitigen Eltern und deren Verwandten väter- und
mütterlicherseits verwandt; es findet sich, wie schon bemerkt, dies System der Verwandtschaft nur bei Völkerschaften vorgerückter Kultur, z. B. bei allen indogermanischen Kulturvölkern in der späteren Zeit ihrer Entwicklung und bei den Semiten.

Entstanden ist das Elternrecht entweder aus den eben
beschriebenen Mischbildungen des Mutter- und Vaterrechts,
indem, wie Post ausführt, weder der Mann in die Familie
der Frau übersiedelt, noch die Frau in die Familie des
Mannes, sondern beide zusammen einen Hausstand gründen,
oder doch beide wohnen können, wo sie wollen, sei es bei
den Eltern des Mannes oder bei den Eltern der Frau. Die
Kinder erben dann von beiden Eltern, und können wählen,
ob sie sich zu den väterlichen oder mütterlichen Grofseltern
halten wollen. Bei einer Ehescheidung folgen die Söhne
dem Vater, die Töchter der Mutter, oder sie können selbst
wählen, wohin sie gehen wollen. In dieser Weise scheint
auch das keltische Elternrechtssystem entstanden zu sein
(Grundris der ethnol. Jurisprudenz I, 91). Oder aber es ent-

wickelt sich direkt aus dem Vaterrecht, indem die Ehefrau
aus ihrer anfänglich mifsachteten Stellung sich im Laufe
der Zeit zur gleichberechtigten Lebensgefährtin des Mannes
emporschwingt, obschon regelmäfsig der Vater noch social
den überwiegend gröfsten Einflufs ausübt (z. B. betreffs
der Namensverteilung u. s. w.). Im übrigen reichen die
Wirkungen der Elternverwandtschaft entfernt nicht so weit,
wie die des Vater- und Mutterrechts, und beschränken sich
nur auf das Erbrecht, Alimentations- und Dotationspflicht
u. s. w.

## 5. Die künstliche Verwandtschaft.

Da, wie früher auseinandergesetzt, die primitive Geschlechtsgenossenschaft nur auf der Basis der Blutseinheit
beruhte, so ist es begreiflich, wenn dieses Fundament bei
dem völligen Mangel anderweitiger entsprechender socialer
Factoren möglichst gestützt wurde. Daher die vielfachen
künstlichen Nachbildungen der natürlichen Verwandtschaft.

Diese Nachahmung nüanciert sich in den verschiedenartigsten Formen; die einfachste und auch weitverbreitetste
ist bei der Milchverwandtschaft das Trinken gemeinsamer
Milch, oder auch das Austauschen von Nabelsträngen.
Weiter ist zu erwähnen die bekannte Sitte der Blutsbrüderschaft durch Trinken des beiderseitigen Blutes (resp. durch
Mischung und Überleitung in den Körper des Freundes),
ein Band[1]), das zu knüpfen auch unsere neuesten afrika-

---

[1]) Mit Recht macht Lippert auf die vielen, auch bei höher entwickelten Völkern erhaltenen Bräuche und Rudimente aufmerksam, die
an diese ehedem weit verbreitete Sitte erinnern. Herodot erzählt es von
den Lydiern, in der heroischen Zeit mischten Achäer und Trojaner Wein
im Krugo anstatt des früher gebräuchlichen Blutes; ganz besonders war
aber bei unseren Voreltern dieser Blutbund bekannt, wie schon aus den
Versen der Edda zur Genüge hervorgeht, in denen Loki Odhin an ihren
früheren Bund mahnt: Gedenkst du Odhin Wie wir in Urzeiten Das

7 *

nischen Reisenden, wie Nachtigal, Stanley u. a., zu ihrer eigenen Sicherheit für geraten fanden, wobei dann häufig noch, wie Post es beschreibt, eine feierliche Eidesleistung stattfindet. Auf den Tanembar- und Timorlao-Inseln wird z. B. beim Abschliefsen der Wahlbrüderschaft von den Wahlbrüdern ein Eid abgelegt, der, wie häufig im indonesischen Archipel, getrunken wird. Es wird ein Gemisch von Süfswasser, Seewasser, Palmwein und einigen anderen Ingredienzien hergestellt, worauf ein Häuptling denjenigen, die Blutsbrüderschaft trinken wollen, etwas Blut abzieht, welches mit der Flüssigkeit vermengt wird, die dann von den Freunden unter Herabwünschung von Unglück für den Fall des Treubruchs getrunken wird. Im Barbar-Archipel wird ebenfalls von den Wahlbrüdern ein Eid geleistet, indem unter gehörigen Formalitäten Schnitte in den Körper gemacht werden und das heraustropfende Blut mit Sago vermischt von den Beteiligten getrunken wird. Der Bruch eines solchen Eides hat nach dem Volksglauben die Folge, dafs der Eidbrüchige krank wird oder stirbt (Familienrecht S. 34). Hieran schliefst sich dann das gemeinsame Essen eines geschlachteten Tieres, was ursprünglich auch wohl als Blutmischung zu fassen ist.

Die Arten dieser künstlichen Verwandtschaften sind sehr mannigfaltig. Am einfachsten gestaltet sich die Sache da, wo durch die Vereinigung mehrerer Geschlechter mit einander ein grofser Geschlechterbund, eine Geschlechtsverbrüderung entsteht, wodurch selbstredend die sociale Bedeutung der einzelnen Stämme auch wächst. Besonders wird diese Fusion oder Koalition dann eintreten, wenn sich bestimmte Geschlechter für sich zu schwach fühlen und nach diesem inneren Rückhalt begehren. So vereinigen sich (schreibt Post) die Stämme der Berduraner zu Schutz- und Trutzbünden (Gundis), und diese Verbindung gilt für stärker als die Blutsverwandtschaft; die alten jüdischen

---

Blut mischten Beide? Du gelobtest nimmer Dich zu laben mit Trunk Würd' er uns beiden nicht gebracht (Lippert, Kulturgesch. II, 337 ff.).

Clans in Medina waren gezwungen, wegen ihrer Schwäche
Schutzhörige der Aus und Khazray zu werden. Auch alte
arabische Triben schlossen sich andern an, mit denen sie
alsdann verwandt gelten (Familienrecht S. 26). Dieselbe
Vorstellung prägt sich in der Wahlbrüderschaft aus, wo
zwei Personen durch Eingehen eines äufserst innigen
Freundschafts- und Schutzverhältnisses sich bis zum Tode
gegenseitig zu unterstützen verpflichtet sind. Besonders
kommt das zur Geltung im Fall der Blutrache, so, um nur
ein Beispiel anzuführen, bei vielen Indianerstämmen. Bei
den Pehuenchen schliefsen (so schreibt Post) zwei Männer,
die sich gefallen, unter sich mit vielen Ceremonien ein Freund-
schaftsbünd (Lacutun). Sie stehen sich dann in aller Not
bei und sind im Kampf einer für den andern sich zu opfern
verbunden. Bei den Wyandots und vielen anderen nordamerikanischen Indianerstämmen schliefsen oft ein paar
junge Leute dauernde Blutsbrüderschaft, vertrauen sich ihre
sämtlichen Geheimnisse an und verteidigen sich gegenseitig
in jeder Beziehung (Grundlagen S. 69). Diese Wahlbrüderschaft kann sich auch steigern bis zur Güter- und Frauengemeinschaft und bis zum gegenseitigen Namensaustausch.

Eine andere weit verbreitete Nachbildung der natürlichen Verwandtschaft ist die Pflegeverwandtschaft, wo ein
Kind (meist in sehr zartem Alter) aus dem Hause seiner
Eltern gegeben und der Obhut und Erziehung irgend eines
Fremden unterstellt wird. Besonders ist dies Verfahren
bei manchen fürstlichen Persönlichkeiten üblich, wie z. B.
bei den Tscherkessen, wo der Vater seinen Sohn erst nach
vollendeter Mannbarkeit wiedersieht. Das Verhältnis zwischen
dem Pflegevater und dem Pflegebefohlenen gestaltet sich
sehr verschieden; bald ist es ein besonders intimes und
geradezu heiliges, der Blutsverwandtschaft ähnliches (wie
im alten irischen Recht zwischen Lehrer und Schüler), oder
der Pflegevater haftet für alle Vergehen seines Pflegekindes,
oder es tritt Vermögensgemeinschaft ein.

Der Milchverwandtschaft wurde schon oben gedacht;

sie gründet sich auf die weitverbreitete Vorstellung, dafs
durch das Trinken der Muttermilch eine gemeinsame Abstammung, eine Blutsverwandtschaft begründet wird. Ebenso
ist noch zu erwähnen die Aufnahme einzelner Personen in
andere Geschlechter; besonders bezieht sich das auf Kriegs-
gefangene, die als Mitglieder in den Stamm übergehen, falls
sie brauchbar erscheinen. Ähnlich ist es, wenn berichtet
wird, dafs im alten Arabien oft Sklaven und Kinder sich
an blutsverwandte Stämme anschliefsen, oder wenn bei den
Tscherkessen wohl Knechte zur Brüderschaft gehören.

Ganz besonders häufig ist aber die Aufnahme von
Kindern in ein fremdes Geschlecht, die sogenannte Adoption. Der regelmäfsige Fall (bemerkt Post) ist derjenige,
dafs der Adoptande vom Adoptanten an Kindesstatt angenommen wird. Es kommt aber auch vor, dafs jemand eine
andere Person als Vater, Mutter oder Bruder adoptiert
(Grundris I, 100). Das letztere ist z. B. der Fall in Afrika
bei den Namagua, und dieser Brauch ist so mafsgebend,
dafs auch jeder Fremde, besonders wenn er zu Handels-
zwecken ein Dorf besucht, entweder einen Vater oder eine
Mutter hat (vgl. Post, Afrikan. Jurisprud. I, 42). Das
treibende Motiv für diese künstliche Nachbildung ist sichtlich, den Bestand des Geschlechts zu erhalten, also namentlich wenn die Ehe kinderlos oder wenigstens kein männ-
licher Sprosse vorhanden ist, resp. der betreffende wahn-
sinnig oder mit irgend einem schweren socialen Ge-
brechen behaftet ist (z. B. bei den Indern aus der Kaste
gestofsen). Bei einigen Gallastämmen (erzählt Post) er-
werben die Verwandten eines Verstorbenen, der einziger
Sohn und ohne Nachkommen war, um zu vermeiden, dafs
der Name seines Geschlechts ausstirbt, auf dem nächsten
Markt einen jungen Sklaven, welcher als Sohn des Verstorbenen adoptiert wird und dessen Namen empfängt. Auf
den Pelauinseln sucht die Frau bei kinderloser Ehe Kinder
zu adoptieren. Da hier nur die Frau es ist, die eine
Familie begründet, so kann auch nur sie Kinder adoptieren

(Familienrecht S. 28). Es ist aber bemerkenswert, wie für die Adoption doch noch das ursprüngliche natürliche Verhältnis des Altersunterschiedes insofern bestimmend ist, als zwischen den beiden Personen ein solcher Abstand an Lebensjahren vorhanden sein muſs, daſs theoretisch genommen die Möglichkeit frei gelassen ist, von einer unmittelbaren leiblichen Abstammung reden zu können. Diese Altersabstufungen sind somit jederzeit für die entsprechenden Adoptierungen von Söhnen, Brüdern und Vätern zu beobachten. So kann im Pendschab niemand adoptiert werden, der nicht wenigstens eine Stufe tiefer steht als der Adoptierende.

Die Konsequenzen dieser fingierten Verwandtschaft sind sehr mannigfaltig. Während öfter das angenommene Kind ganz aus seiner Familie ausscheidet und in die eines neuen Vaters übergeht (was namentlich für das Erbrecht sehr in Frage kommt), ist es umgekehrt auch nicht unerhört, daſs es auch mit seinen eigentlichen Verwandten in gewissen Beziehungen bleibt, z. B. in Indien, wo der Sohn in der That zwei Väter erhält.

# IV.

## Die Eheschliefsung.

ür das Eingehen einer rechtlich anerkannten, regulären Ehe sind, wie leicht begreiflich, die
Verwandtschaftsverhältnisse, vor allem die Blutsverwandtschaft in erster Linie ausschlaggebend, und dieses
Princip variiert wieder, je nachdem innerhalb eines Stammes
endogene oder exogame Ehen erlaubt, resp. verboten sind.
Mitunter scheint die Blutsverwandtschaft überhaupt kein
Hindernis für die Ehe zu sein, wenigstens nicht für den
geschlechtlichen Verkehr. Dahin gehören manche Nachrichten der alten Schriftsteller, wenn z. B. Strabo von den
polyandrisch lebenden Arabern erzählt, dafs sie mit ihren
Müttern und Schwestern geschlechtlichen Umgang zu haben
pflegten, oder wenn uns dasselbe von den Lubus auf Sumatra berichtet wird. Immerhin ist bei solchen Zuständen
auch die Rücksicht nicht aufser acht zu lassen, inwiefern
hier nicht an ursprüngliche Stammes- und Gruppenehen
zu denken ist, sondern nur an eine Zersetzung und Locke-
rung früherer Normen. Bei Ehen zwischen Brüdern und
Schwestern, wie sie z. B. in Eran besonders unter fürstlichen Persönlichkeiten üblich waren, ist der Gedanke an

die Reinhaltung des Blutes mafsgebend. Dasselbe war der
Fall bei den alten Ägyptern, oder um ein Beispiel aus dem
Kreise der Naturvölker anzuführen, auf Tahiti, auf den
Markesasinseln und auf den Sandwichinseln, weil man in
den regierenden Familien bisweilen sonst keine ebenbürtige
Ehe zustande bringen und nur auf diese Weise Erb-
streitigkeiten vermeiden konnte. Von hervorragendem
Einflufs ist ferner das bei einem Volk herrschende Ver-
wandschaftssystem; ist dies das Vaterrecht, so können sich
die Kinder von Brüdern nicht heiraten, wie z. B. bei den
Orang Sambimba im Süden von Malakka, wohl aber die
Nachkommen von Schwestern oder diejenigen von Bruder
und Schwester (vgl. Post, Familienrecht S. 223). Umgekehrt ist bei den Hovas auf Madagaskar, wie derselbe
Gewährsmann anführt, die Heirat zwischen Bruderskindern
gebräuchlich, diejenige zwischen Bruder- und Schwester-
kindern erlaubt, während diejenige zwischen Schwester-
kindern als Incest angesehen wird. Hier ist also das
Mutterrechtssystem mafsgebend. Oder aber es kommt vor,
dafs alle Ehen zwischen Geschwisterkindern verboten sind,
z. B. bei den Alfuren der Minahasa, auf den Karolinen,
auf Serang u. s. w., während umgekehrt diese Ehen gestattet und nur diejenigen zwischen Tante und Neffe
und Onkel und Nichte verboten sind, wie bei den Dajaks
am Laufe des Baritu. Andere Ehehindernisse, die aber
gleichfalls wieder durch ebensoviele Ausnahmen durch-
kreuzt werden, sind Milchverwandtschaft, Wahlbrüderschaft,
Schwägerschaft, körperliche Mängel (Impotenz, mangelnde
Reife u. s. w.), und besonders bei entwickelter Geschlechterverfassung Standesunterschiede. Post führt u. a. folgende
Beispiele an: „Wo sich in einer Völkerschaft bestimmte
Klassen, Stände oder Kasten gegeneinander abscheiden, ist
häufig die Heirat unter Personen verschiedener Klasse, ver-
schiedenen Standes, verschiedener Kaste verboten. Auf
Madagaskar ist das Volk in die Klassen des Adels, der
Bürgerlichen und der Sklaven geschieden, und diese drei

Klassen können, mit wenigen Ausnahmen, keine Heiraten
unter einander schliefsen. In Indien ist eine Heirat
zwischen Brahmanen und Çudras (der schwarzen, eingeborenen Rasse) absolut untersagt. Die anderen Kasten
können nach den Rechtsbüchern in die nächstunteren heiraten. Heutzutage schliefsen sich in Indien die Kasten vielfach scharf voneinander ab. Das chinesische Recht verbietet
die Heirat zwischen freien Personen und Sklaven, die
deutschen Volksrechte die Ehe der Freien mit Unfreien,
das westgotische auch die des Freigelassenen mit dem
Patron und dessen Familie. In Rom war die Ehe zwischen
Patriciern und Plebejern verboten, bis dies Ehehindernis
durch die lex Canuleja (304) beseitigt wurde. Im alten
Deutschland ragten unter den Freien einzelne edle Geschlechter hervor, denen die Ehe mit Freien verboten war.
Bei den Makassaren und Buginesen wird streng darauf ge-
halten, dafs eine Frau von höherem Stande nicht einen
Mann von niedrigerem Stande heiratet, hier ein Überbleibsel
früherer matriarchalischer Organisation (Grundlagen S. 259).
Auch die Religion kann, sobald dieselbe von socialer Bedeutung wird, ein Ehehindernis abgeben; so ist für die
Moslems eine Ehe mit Ungläubigen verboten, oder das
römische Recht verwehrte, nachdem das Christentum zur
offiziellen Staatsreligion erhoben war, die Ehe zwischen
Juden und Christen. Je mehr die alte Geschlechtsorganisation zerfällt und das demokratische Princip der Rechts-
gleichheit auch für die Ehe zur Geltung gelangt, schwinden
die früheren Verbote, und es bleibt nur noch eine gewisse
durch Geld, politische Macht und vor allem durch Bildungs-
unterschiede bedingte Schranke zwischen den verschiedenen
Schichten der modernen Gesellschaft bestehen, obwohl auch
bekanntlich für unsere Zeit das sociale Moment des Standes
noch eine verhängnisvolle Rolle spielt".

Was die Form der Eheschliefsung anlangt, so existieren
wirkliche Hochzeitsgebräuche bei den vielfach so lockeren
Verhältnissen des Naturvolkes manchmal durchaus nicht;

besonders gilt das von manchen polynesischen Inseln und
von Neuseeland. Gelegentlich kommt es auch vor, dafs
nur die erste Ehe mit einem gewissen Ceremoniell begangen
wird (so z. B. in Afrika, was auch schon aus dem erheblich
geringeren Brautpreis erhellt). Häufig spielt die Jungfräulichkeit der Braut bei der Hochzeit eine Rolle, so dafs
im entgegengesetzten Fall die gröfsten Beschimpfungen der
Beteiligten eintreten, ja manchmal die Auflösung der Verlobung erfolgt und die Rückzahlung des Brautpreises. Umgekehrt legen manche Naturvölker so wenig Wert auf die
Bewahrung der Jungfräulichkeit, dafs sie es geradezu als
einen beneidenswerten Vorzug eines Mädchens ansehen,
wenn sie schon geschlechtlichen Umgang gepflogen und
Kinder geboren hat. Ihnen fehlen vielfach, wie bekannt,
überhaupt die Bezeichnungen, um den Unterschied zwischen
Frau und Jungfrau auszudrücken, obwohl daraus ja nicht,
wie schon Peschel richtig hervorgehoben, unmittelbar auf
den entsprechenden Mangel der sittlichen Anschauung geschlossen werden darf. Im übrigen kann wohl kein Zweifel
darüber aufkommen, dafs die Keuschheit erst eine Errungenschaft höherer Kultur ist, ganz besonders aber für das
Leben vor der Ehe. — Sodann ist noch eine weitverbreitete Sitte zu erwähnen, dafs der Ehe eine gewisse Zeit
der Enthaltsamkeit vorauszugehen hat, in erster Linie für
die Braut, aus dem Grunde, weil man daraus einen gün-
stigen Einflufs auf die Nachkommenschaft ableitete. So erzählt Post: „In Marokko wird, sobald die Ehe vor dem
Kadi abgeschlossen ist, die Braut acht Tage lang einge-
sperrt und von ihren Blutsfreundinnen besucht. Es kommt
auch ein Thaleb oder Faki zu ihr, welcher von dem heiligen
Stande der Ehe mit ihr redet und darauf bezügliche geist-
liche Lieder singt. Auch der Bräutigam zieht sich fünf
Tage lang in seine oder die zukünftige Wohnung mit seinen
Freunden zurück. Nach der Hochzeit mufste sich der neue
Ehemann acht Tage, die junge Frau ein ganzes Jahr zu
Hause halten und durfte auch ihren Vater und ihre Brüder

nur im Beisein ihres Mannes sehen. Bei den Beduan im
Samhar bleiben die jungen Eheleute vierzig Tage im Hause,
wo sie von den intimen Freunden besucht werden. Bei
einigen Stämmen muſs die junge Frau volle drei Jahre im
Hause aushalten, ohne auszugehen oder eine Arbeit an-
zufassen. In Arkiko dürfen die Neuvermählten vierzig Tage
lang das Haus nicht verlassen und werden während dieser
Zeit täglich mit Fleisch bewirtet" (Afrikan. Jurisprudenz I,
394). Dasselbe wird von den nordamerikanischen Indianern
und manchen indonesischen Völkerschaften berichtet. Endlich findet sich ebenfalls eine Sitte weitverbreitet, der zufolge die junge Frau nach der Hochzeit wieder für einige
Zeit zu ihren Eltern zurückkehrt, um dann erst endgültig
mit ihrem Manne zusammenzuziehen. Wie Post vermutet,
hängt dies vielleicht mit den sogenannten Busenrecht und
der teilweisen Abtragung des Brautpreises zusammen; nach
jenem stand dem Bräutigam der Verkehr mit seiner Braut
frei, aber die Heimführung der Braut aus dem elterlichen
Hause geschah erst mit der völligen Abzahlung des aus-
bedungenen Kaufpreises. Jener Brauch ist, wie Vambery
erzählt, z. B. bei einigen Turkomannenstämmen im Schwange,
die die schon verheiratete Tochter ein Jahr lang im Eltern-
hause zurückbehalten, während welcher Zeit der junge
Mann nur verstohlen seiner Ehehälfte sich nähern darf, und
wenn er ertappt wird, den Schwiegereltern bedeutende Ge-
schenke geben muſs. Dies dauert, bis die Frau das erste
Kind geboren hat (Post, Familienrecht S. 242).

# V.

## Die Eheauflösung.

ie Ehe ist lösbar entweder durch den Tod eines
der beiden Ehegatten oder durch bestimmte,
mehr oder minder ceremonielle Scheidung. Im
Falle des Ablebens des Mannes ist es eine häufige Sitte,
dafs die Frau ihrem Gemahl in den Tod zu folgen gezwungen ist. Post erklärt diesen Brauch so: „Der Gedanke, welcher hierbei bestimmend ist, ist regelmäfsig der
animistische [1]), dafs der verstorbene Ehegatte im jenseitigen

---

[1]) Vgl. Tylor, Einleitung in das Studium der Anthropologie S. 417:
„In Peru, wo sich bei dem Tode eines Herrschers die Weiber desselben
erhängten, um ihm im Jenseits dienstbar zu sein, und wo zahlreiche
Diener vor ihm begraben wurden, damit er von den Seelen derselben
begleitet werde, erzählte man sich, längst Verstorbene nebst ihren ge-
opferten Weibern und geschmückt mit in das Grab gelegten Gegenständen
gesehen zu haben. Noch vor wenigen Jahren wurde in Madagaskar erzählt, der Geist des Königs Radama sei gesehen worden, mit der Uniform
bekleidet, welche man mit ihm begraben hatte, und auf einem der Pferde
reitend, die am Grabe getötet worden waren. Diese modernen Beispiele
setzen uns in den Stand, uns eine Vorstellung von den alten Bestattungs-
gebräuchen zu machen, deren Spuren wir in den alten Begräbnisstätten
mit ihren Skeletten, Bronzewaffen und goldenen Armringen erkennen. In

Leben ausreichende Bedienung haben müsse. Der über-
lebende Ehegatte folgt daher dem verstorbenen aus demselben Grunde, aus welchem dem Verstorbenen auch
Sklaven, Pferde, Schätze, Speisen u. s. w. nachgeschickt
werden, damit er im Reiche der Schatten mit dem gleichen
Prunk auftreten könne, wie im irdischen Leben. Mit dem
Untergang dieser religiösen Vorstellung geht auch diese
Sitte unter, und wenn sie sich trotzdem erhält, so wird ihr
eine fremde Idee, die eines Opfertodes aus Liebe, unter-
geschoben. Der Regel nach ist es das Weib, welches dem
Manne in den Tod folgt, entsprechend der regelmäfsig die-
nenden Stellung derselben. Wo aber der Mann der Frau
gegenüber sich in einer sklavenartigen Position befindet, wie
namentlich bei Männern, welche von Weibern königlichen
Geblüts zum Gemahl erkoren sind, kommt es auch vor,
dafs der Mann der Frau ins Grab folgen mufs" (Familienrecht S. 244). Dafs die hinterbliebene Frau das Schicksal
ihres Mannes zu teilen hat, ist so bekannt, dafs einige
wenige Beispiele genügen; so wird diese Sitte in vielen
Landschaften Afrikas beobachtet, in ganz Melanesien, auf
vielen polynesischen Inseln, in Neuseeland, bei der Urbevölkerung Chinas, den Miao oder Miaotse, bei den Pam-
pasindianern u. s. w. Ebenso verbreitet ist die Bestimmung
über die Einhaltung einer Trauerzeit, besonders für die

---

der klassischen Litteratur besitzen wir zahlreiche Zeugnisse dafür, dafs
die modernen barbarischen Gebräuche mit denen der vorhistorischen Zeit
völlig übereinstimmen, wie die Verbrennung von trojanischen Gefangenen,
von Pferden und Hunden auf dem Scheiterhaufen, auf welchem die Leiche
des Patroklus verbrannt wurde, Herodots Schilderung der scythischen
Bestattungsgebräuche und die Erzählung, wie Melissas Geist zurückkam,
weil man es versäumt hatte, Kleider für sie bei ihrer Bestattung zu verbrennen.
In manchen Gegenden von Indien wird noch heute die Witwe auf dem
Scheiterhaufen des verstorbenen Gatten verbrannt. Während in Europa
in alter Zeit die Pferde an den Grabhügeln von Königen und Edelleuten
getötet wurden, wurden dieselben im Mittelater nur in der Leichenpro-
zession mitgeführt und dann der Kirche geschenkt." Dafs für die indische
Leichenverbrennung auch Priesterintriguen und Fälschungen des Veda
mit in Betracht kommen, ist bekannt.

Witwe (seltener für den Mann), die für diesen Zeitraum
ein zurückgezogenes und enthaltsames Leben zu führen hat;
gelegentlich ist ihr überhaupt jede Wiederverheiratung an
und für sich untersagt (so durch Manu).

Endlich existieren bestimmte Ersatzpflichten des über-
lebenden Ehegatten für den verstorbenen, was ganz besonders dann zum Austrag kommt, wenn es sich um eine Er-
satzfrau handelt; in diesem Falle erscheint die Wiederverheiratung als eine Pflicht des Witwers, und auf dem Grunde
dieser Vorstellung erwächst die Institution der Leviratsehe,
über die wir schon früher gesprochen haben.

Was die Ehescheidung anlangt, so giebt es zwischen
den beiden Extremen, der völligen Unlösbarkeit der Ehe
(es sei denn durch Tod) und der vollständig willkürlichen
Trennung je nach Laune und Belieben, eine unendliche
Fülle von Variationen, die schwer zu erschöpfen ist. Bisweilen genügt, wie bemerkt, eine blofse Verständigung oder auch
nur eine einseitige Lösung, ohne dafs der andere Teil überall
gefragt zu werden braucht. So schreibt Post von Afrika:
„Hier und dort ist in Afrika die Ehe ein ganz aufserordentlich flüchtiges Verhältnis, welches von jedem Teile
jederzeit beliebig aufgelöst werden kann. Diesen Charakter
trägt die Ehe nicht blofs bei solchen Völkern, welche auf
tiefer Kulturstufe stehen, sondern auch bei verhältnismäfsig
entwickelten Völkern. So ist z. B. in Abyssinien die Ehe
eine rein konventionelle Verbindung, welche solange besteht, als beide Teile damit zufrieden sind, und sobald dies
nicht mehr der Fall ist, ohne Zuthun der Obrigkeit aufgelöst
sind. Sie wird auch, so oft beide Teile wollen, wieder erneuert.
Die Auflösung geschieht aus den nichtigsten Gründen. In
früherer Zeit war es üblich, bei den Heiraten durch besondere
Ehestiftungen eine Bufse zu bestimmen, welche der die Ehe
grundlos auflösende Ehegatte dem anderen zu zahlen hatte.
Man suchte aber auch hier nach den nichtigsten Gründen,
um sich der Bufse zu entziehen" (Afrikan. Jurispr. I, 320).
Sehr bedeutsam ist es auch hier, welches Verwandtschafts-

system herrscht; so ist es nach der Ambel-anak-Ehe der Frau jederzeit gestattet, ihren Mann, der ja nur ihr gesetzlicher Liebhaber ist, fortzuschicken, und ähnliche Gründe werden vorliegen, wo von einem derartigen Recht der Frau berichtet wird. Umgekehrt besteht bei streng patriarchalischer Organisation (besonders also unter Herrschaft des Frauenraubes und Frauenkaufs) für den Mann ein weiter Spielraum, je nach Laune und Gefallen sich seiner Frau entledigen zu können, während erst unter der staatlichen Periode unter der Geltung des Elternrechts sich bestimmte, für beide Teile rechtlich anerkannte Scheidungsgründe zu entwickeln pflegen.

Den Charakter der Unlösbarkeit nimmt die Ehe namentlich da an, wo irgendwie das religiöse Moment in der Form eines Sakraments hinzutritt, also erst bei verhältnismäfsig weiter entwickelten Völkerschaften. Doch zeigt sich diese Unverletzlichkeit auch schon, wie Post ausführt, auf Stufen niederer Gesittung: „So kann bei den Niasern der Batuinseln die Ehe nur durch den Tod gelöst werden: eine Ehescheidung ist durchaus unerlaubt. Auf Buru giebt es keine Ehescheidung. Verstöfst die Frau den Mann, so müssen ihre Blutsverwandten sie ins Haus zurückbringen. Auf Kisar giebt es keine Ehescheidung. Bei Ehebruch bezahlt der schuldige Mann eine Bufse zu Gunsten des Ehemannes. Bei den Papuas der Geelvinkbai auf Neuguinea kann die Ehe nur durch den Tod gelöst werden. Auch auf den Watubela-Inseln wurde in früherer Zeit eine Ehescheidung nicht zugestanden. Jetzt ist sie zulässig wegen Ehebruchs und Gleichgültigkeit" (Familienr. S. 251).

Anderseits bedarf es, wie schon erwähnt, einer gewissen Übereinkunft zwischen den Ehegatten, um den Bund zu lösen; dieser Fall ist nach Wilken[1]) besonders typisch ausgeprägt bei den Karo-Karo, einem Batakstamme an der Ostküste von Sumatra, wo weder längere, bösliche Verlassung, wiederholte Mifshandlung, Ehebruch u. s. w. dem

---

[1]) Bei Post, Familienrecht S. 252.

Manne oder Weibe das Recht geben, die Ehe zu lösen,
sondern eben nur gegenseitige Verständigung dies ermöglicht. Anderwärts genügt diese Bedingung wieder nicht.
Sehr weit verbreitet ist endlich die Ehescheidung auf Grund
bestimmter Beschwerden, ganz besonders sind das Ehebruch
und Unfruchtbarkeit der Frau. In der primitiven Geschlechtsgenossenschaft, wo es an
einer bestimmten, individuellen Ehe fehlte, konnte von
einem Ehebruch im modernen Sinne des Wortes, als einer
Verletzung der ehelichen Treue, nicht die Rede sein; dafür
trat an die Stelle der geschlechtliche Umgang der Frau mit
einem fremden Stammesgenossen. Erst in der Ausbildung
der Geschlechterverfassung und namentlich mit der Durch-
bildung des Vaterrechts wird ein solcher Verkehr als ein
Eingriff in die mundschaftlichen Rechte, welche allein dem
Manne als Eheherrn zustehen, geahndet. Diese Anschauung
erhellt unter anderem auch ganz klar aus dem Umstande,
dafs dieser Überbegriff nur dann als ein Rechtsbruch betrachtet wird, wenn das Weib ohne Wissen und Erlaubnis
ihres Mannes handelt; weifs dieser dagegen um die Sache,
ja hat er sogar seine Frau dazu veranlafst, so fällt damit
jede Bestrafung von selbst fort. „In den primitiven Ge-
bilden", sagt Letourneau mit Recht, „herrschte die Prostitution
ganz allgemein und war durchaus nicht anstöfsig. Die
Töchter und freien Frauen verkaufen sich freiwillig, häufiger
aber noch sind sie ein Gegenstand des Verhandelns für
ihre Eltern. Die Frauen, die schon individuelles Eigentum
sind, müssen im Princip geschont werden, aber nur in demselben Sinne, wie jedes andere Objekt; ihre Herren, ihre
Männer, diejenigen, welche sie geraubt oder gekauft haben,
haben in Wahrheit das Recht, sie zu verleihen, wem sie
wollen, wie es die Australier heutigentags thun und wie
es die Polynesier ehemals thaten" (L'évolution p. 193, vgl.
Hellwald, Familie S. 325 ff.). Dafs die Prostitution[1] aber

---

[1] Über die besonders bei den Orientalen, aber auch anderweitig

auch in späteren Zeiten sehr geblüht hat, z. B. wie Letourneau hinzufügt, in den grofsen Staaten Centralamerikas, im
alten Peru und Mexico, in Nicaragua, wo man schon Freudenmädchen kannte und öffentliche Häuser, ja dafs sie auch
in der modernen Gesellschaft zu einer Art legalen Institution herangewachsen ist, die der regelmäfsigen Ehe be-
denkliche Konkurrenz macht, ist bekannt genug, um weiter
erörtert zu werden. In letzterer Beziehung führt sie dann
über zum Konkubinat, dieser freien und durch die Gewohnheit geduldeten Ehe, wie der französische Forscher sich
ausdrückt, welche sogar durch die Gesetze anerkannt ist
zur Seite der Monogamie; ursprünglich ist dieselbe aus dem
Rechte des Siegers über die erbeuteten und deshalb ihm allein
zur Verfügung stehenden Frauen und Töchter der Feinde
entstanden, und das Konkubinat ist deshalb, wie Letourneau
meint, bis auf den heutigen Tag dem Menschen mehr oder
minder naturgemäfs (p. 210).

Anfänglich hatte der Ehemann, wenn er die schuldige
Frau in flagranti ertappte, das Recht der sofortigen Tötung,
ein weitverbreiteter Rechtsgrundsatz, der selbst seine An-
wendung auf den Ehebrecher findet, weil dieser die mundschaftlichen Rechte des Ehemannes verletzt hat. Diese Anschauung findet sich, wie Post berichtet, z. B. in China,
Tonking, im alten Siam, in einem der Gesetze des Jassa,
bei den Larka-Kolhs, bei den Redjang auf Sumatra, bei
den Kaffern, den Araukanern, den Beduinen, in Montenegro, im griechischen und römischen Recht, in der Graugans,
den altnorwegischen, den Gesetzen Knuts, dem Gutalagh, im
Gesetzbuch des Zaren Wachtang (Bausteine f. e. allgem.
Rechtsw. I, 259), so dafs wir es hier offenbar mit einem uni-
versalhistorischen Gedanken zu thun haben [1]). Statt der

---

stark entwickelte Tempelprostitution (bekannt sind besonders die Casas
das Tintas in Afrika) und deren Zusammenhang mit dem Mutterrecht, vgl.
Lippert, Kulturgeschichte II, 15 ff.

[1]) Weitere Beispiele bei Post, Familienrecht S. 353 ff. Treffend hat
für die primitive Auffassung des Ehebruchs Letourneau den Gesichtspunkt
des Diebstahls zu Grunde gelegt (vgl. L'évolution p. 258 ff.).

Tötung erfolgt wohl auch Verstümmlung (Abschneiden von Nasen und Ohren und der Haare) oder Mifshandlung und später dann Verstofsung. Sehr bemerkenswert aber ist es, dafs in allen diesen Fällen gewöhnlich nur die Frau in die event. Strafe verfällt; vergeht sich der Mann, so geht er meist frei aus (so bei den Indianern, in Anahuac und anderwärts), wenigstens kommt er in der Regel mit einigen Schlägen und Rutenhieben davon. Es findet sich nur selten (versichert Post), dafs der Ehemann seiner Ehefrau in dem Fall aufserehelichen Verkehrs eine Bufse zu zahlen hat. Nach dem Frostuthingsgesetze hat die Frau von ihrem Ehemanne für jeden Fall des Umganges mit einem anderen Weibe eine Bufse von drei Mark zu fordern, und ähnlich hat in Grofs-Bassam der als untreu befundene Mann seiner Frau eine Bufse in Goldstaub zu bezahlen (Bausteine I, 264). Überall aber ist, wie Letourneau mit Recht hervorhebt, für den abgefafsten Ehebrecher der Gedanke wirksam, dafs er Diebstahl an fremdem Eigentum begangen hat und er deshalb sich eine Bestrafung oder Beschimpfung gefallen lassen mufs; eine Verletzung ehelicher Treue kommt dabei gar nicht in Frage (p. 282). Beiläufig sei noch bemerkt, dafs an die Stelle der Tötung oder empfindlicher Verstümmlung später irgend welche Bufszahlungen traten oder auch wohl die Bestimmung, dafs der Ehebrecher die verführte Frau zu heiraten gezwungen war. Ebenso ist es begreiflich, dafs im Laufe der Entwicklung der Staat die Rachejustiz dem betroffenen Ehemann aus der Hand nahm[1]).

Endlich ist noch eines für unser Empfinden befremdlichen Umstandes Erwähnung zu thun; während nach unserer Auffassung nur von Ehebruch die Rede sein kann, wenn geschlechtlicher Verkehr stattgefunden hat, wird bei ganz tiefstehenden Völkerschaften schon eine harmlose Freiheit dahin gerechnet, die sich etwa der Mann einer

---

[1]) Zur Zeit der Geschlechterverfassung entstand dadurch häufig eine Blutfehde und Blutrache, vgl. Post, Familienrecht S. 355.

Frau gegenüber herausnimmt. Post schreibt: „Auf Leti, Moa und Lakor ist es verboten, mit einer verheirateten Frau zu sprechen, wenn ihr Mann nicht zugegen ist. Wer dies thut, bezahlt herkömmlich festgestellte Bufsen an den Ehemann, an die Familie und an die Häuptlinge. Im Kululande enthält ein von einer Ehefrau mit einem anderen Manne gewechselter Blick oder ein mit ihm geführtes längeres Gespräch, die zufällige Begegnung zwischen einem Manne und einer Frau bei einem einem Dritten abgestatteten Besuche einen Ehebruch ersten Grades, und die Frau kann infolgedessen zu körperlicher Züchtigung, der Mann zu Geldbufsen an den beleidigten Gatten verurteilt werden. Bei den Muskogee galt schon die Frau als Ehebrecherin, welche einem Manne zu trinken gab, ohne sich einige Schritte weit zu entfernen. War bei den Creeks eine strenge Ehe geschlossen, so wurde die geringste Freiheit, die sich der Mann oder die Frau später nahm, als Ehebruch angesehen und mit Spiefsrutenlaufen bestraft. In Pontianak wird sogar der Mann mit Todesstrafe bedroht, welcher eine ins Wasser gefallene Frau rettet, wenn er kein Verwandter derselben ist" (Familienrecht S. 352).

# Schluſs.

Wir haben im Vorhergehenden die allmähliche Entwicklung der Ehe in ihren verschiedenen Formen auf der Erde verfolgt. Wie überall im Völkerleben, so zeigt sich auch hier neben groſsen, fundamentalen Thatsachen und Institutionen eine fast unübersehbare Fülle von Variationen, die eben jeder systematischen Klassifizierung spotten. So viel aber ist für jede unbefangene Prüfung des Materials gewiſs, daſs unsere modernen Anschauungen über Ehe und Verwandtschaft nicht für die Zeiten prähistorischer Entwicklung maſsgebend sein können; will man also überhaupt nicht auf eine organische Erklärung, auf eine wirklich genetische Ableitung der gegenwärtigen Einrichtungen und socialen Normen verzichten, so muſs man sich entschlieſsen, diesen Proceſs an der Hand der Akten der Völkerkunde möglichst zusammenhängend zu rekonstruieren. Eine Behauptung, wie die Starkes (auf die wir uns schon früher bezogen haben): „Ohne Zweifel sind die primitiven Verbindungen monogam gewesen, weil es an Motiven, mehrere Weiber zu wünschen, fehlte" (Primitive Familie S. 276) ist lediglich, wie schon die ganz und gar subjektive Begründung andeutet, ein dogmatischer Machtspruch, mit dem die wirklichen sachlichen Schwierigkeiten nicht gehoben werden. Vergegenwärtigen wir uns kurz das, was wir als hinlänglich gesicherte wissenschaftliche Erkenntnis anzusehen berechtigt sind.

Dahin gehört in erster Linie die durch die verschiedenartigsten Thatsachen und Beobachtungen gestützte Erscheinung des Mutterrechts, der ursprünglichen nur durch Mutter und Kind geschaffenen Gruppe, bei der der leibliche Vater eine verhältnismäßig sehr unbedeutende Rolle spielte. Ganz davon unabhängig ist, das kann nicht scharf genug betont werden, die Promiscuität; daß diese in erheblichem Umfange bestanden hat, scheint nicht unwahrscheinlich, wenn man die bezüglichen Nachrichten mit dem für die Urzeit so charakteristischen Kommunismus des Lebenshaushalts vergleicht. Dennoch muß man sexuelle Lockerheit, besonders für die Zeit vor der Ehe, wohl unterscheiden[1]) von der zwangsweise erfolgenden Preisgebung der Frauen und Mädchen, um damit einer angeblichen Kulturpflicht zu genügen. Wie schon früher bemerkt, selbst wenn dies Problem in völlig negativem Sinne gelöst werden sollte und sich alle dahin bezüglichen Nachrichten als übertrieben erweisen, so würde dadurch die Thatsache des Mutterrechts gar nicht irgendwie berührt werden. Je mehr sich die Struktur der primitiven Geschlechtsgenossenschaft zersetzte, je mehr sich das mütterliche Blutband lockerte, desto mehr mußte die Macht und Selbstherrlichkeit des Mannes steigen, der völlig frei nach eigenem Ermessen sich von anderen

---

[1]) Mit Recht betont der vorsichtige Letourneau diesen Punkt, indem er zur Parallelisierung auf den bekannten polynesischen Geheimbund der Aréois hinweist, wo es sich auch nur um einen Ausnahmefall handele. Vielmehr liegen erst in den Gruppenehen einigermaßen an Promiscuität erinnernde Verhältnisse vor, wie z. B. bei den Kamilroi*, bei welchen alle Angehörige eines Clans für Brüder des benachbarten Clans gelten, und ebenso die Frauen. Im übrigen bestimmt er als den ersten Zweck der Ehe lediglich den biologischen der Fortpflanzung, wie er ja, beiläufig bemerkt, auch noch ziemlich unverblümt in der römischen Auffassung von der Ehe hervortritt, vgl. p. 375 ff.

Stämmen Frauen anfänglich durch Raub (auf dem Wege
der Gewalt und List), dann durch Kauf verschaffte. Diese
waren nunmehr sein specielles unantastbares Eigentum, an
dem sich niemand straflos vergreifen durfte, wollte er nicht
die schwerste Rache auf sein Haupt herabbeschwören. Es
erwachte allmählich die Vorstellung, dafs das Leben des
Kindes aus zwei Quellen entspringe, und dafs auch das
Blut des Vaters in den Adern seiner Spröfslinge rolle. Der
Begriff des leiblichen Vaters entstand in der Volksphysio-
logie, obschon nicht zu vergessen ist, dafs in diesem Prozefs auch sociale Momente verhängnisvoll gewirkt haben.
Der Vater, der Hausvorstand einer patriarchalischen Organisation, war durchaus nicht, wie bereits früher eingehend
erläutert, der wirkliche Erzeuger der von ihm beherrschten
Gruppe, sondern eben nur ihr Gebieter und rechtsverant-
wortlicher Mundwalt. Deshalb war es auch sein Bestreben,
durch einen möglichst ausgebreiteten Hausstand es allen
zuvorzuthun, da eben eine Familie auch der Gradmesser
seiner socialen Bedeutung war. Die Liebe des Vaters[1])
aber zu seinen Kindern, von der auf der Stufe des Mutterrechts überhaupt noch keine Rede sein konnte, würde man
auch hier, wenigstens in der modernen Auffassung des
Worts, vielfach vergeblich suchen; es ist überall nur das
Interesse des Stammes oder der Hausgenossenschaft, welches
als sittliches Motiv wirksam ist. Von irgend einer Neigung,
z. B. beim Abschlufs einer Ehe seitens der Verlobten, ist
noch nichts zu spüren; die Ehe ist ein rein socialer Akt,

---

[1]) Vgl. Girand-Teulon S. 144: „Wenn man die weniger civilisierten
Völkerschaften beobachtet, so bemerkt man, dafs die Feindseligkeit
zwischen dem Vater und seinen Kindern der gewöhnliche Zustand ist.
Bei den Negern sogar meist Hafs; so schreibt Burton von ihnen: Nach
der ersten Kindheit werden Vater und Kinder gewöhnlich Feinde nach
Art der wilden Tiere. . . . Die Liebe zwischen Vater und Kindern scheint
daher eher eine Errungenschaft der Kultur als eine unveränderliche Erscheinung in der Geschichte der Menschheit zu sein, und das Gefühl der
Vaterschaft, das einer so erhabenen Zukunft bestimmt ist, hat als Ausgangspunkt ein egoistisches Motiv gehabt.“

der von dem Häuptling oder Patriarchen aus Gründen des
praktischen Interesses vorgenommen wird. Ebenso offenbart sich diese schrankenlose Despotie in dem Verhalten
des Hausherrn zu seinen Frauen; während jede geschlechtliche Freiheit dieser auf das härteste bestraft wird, bisweilen wohl mit dem Tode, falls sie ohne Vorwissen des
Mannes ausgeübt wurde, war er selbst befugt, sobald er
irgend einen persönlichen Vorteil damit für sich verknüpft
sah, sein Weib anderen zu überlassen oder sich selbst irgend
welche sexuelle Übergriffe zu gestatten. Mit vollem Recht
sagt daher Hellwald: „Ängstlich hütet der Herr seine weiblichen Schätze in abgesonderten Räumen, bewahrt sie vor
jeglicher fremder Berührung, schaltet und waltet damit aber
nach Gutdünken und überläfst sie dem Gastfreunde oder
jemandem, von dem er sich Nutzen verspricht. Obgleich
unter diesen Verhältnissen das Weib längst den Erzeuger
ihrer Kinder kannte, lebten diese noch lange in der Mutterfolge fort, bis endlich auch sie dem Eigentum ihres Vaters
anheimfielen nach dem Grundsatze: Wer das Feld besitzt,
dem gehört auch die Frucht. Noch kannte diese Zeit nur Vater-
rechte, keine Vaterpflichten, so wenig als Vaterliebe.
In diesen Anschauungen erstarkte die väterliche Gewalt;
es entstand die Patriarchalfamilie, richtiger die Sippe,
welche den grofsen Kreis aller in der Gewalt des Patriarchen befindlichen, männlichen und weiblichen Mitglieder
umfafste und eine gründliche Umwälzung der Verwandt-
schaftsbegriffe zur Folge hatte. Die natürliche mütterliche
Blutsverwandtschaft wird ersetzt durch die künstliche Vorstellung der Abstammung von einem gemeinsamen Ahnherrn, und diese neue Verwandtschaft pflanzte sich blofs in
der männlichen Linie fort" (Familie S. 508). Gerade dies
eben berührte Moment eines möglichst der Gegenwart ent-
rückten, meist mit religiösem Nimbus umkleideten Stamm-
parens ist für die weitere Ausgestaltung dieses erweiterten
Vaterbegriffs sehr wichtig. Schon dem verstorbenen Familien-
oberhaupte werden Opfer dargebracht und religiöse Verehrung

überhaupt gezollt, bis dann in schärferer Ausbildung dieses
animistischen Grundgedankens aus dem Familienschutzgeist
ein Stammesgott wird, mit dem man durch eine Reihe von
Genealogien den blutsverwandtschaftlichen Zusammenhang
herzustellen sucht. Wie früher lediglich die Blutsverwandtschaft mit der Mutter, so war nun die Abstammung vom
Vater entscheidend für Erbfolge, Namengebung, Freiheit
und Unfreiheit, Übernahme von Rang und Würden u. s. w.
Obwohl die geschlechtliche Zügellosigkeit manchmal ein-
geschränkt wurde und eine strengere Zucht eintrat, so
war das Leben doch noch von manchen sexuellen Aus-
schreitungen (nach unseren Begriffen geurteilt) nicht frei,
besonders gilt das von der Zeit vor dem Abschlufs einer
festen Ehe. Die reguläre Eheform des Vaterrechts ist die
Polygamie ( die Polyandrie ist allem Anschein nach keine
universalhistorische Erscheinung), wie es in der Natur der
Sache liegt, wo der Hausherr allen Gelüsten ohne irgend
welches Bedenken den Zügel schiefsen lassen kann. Nur
eine Schranke giebt es, das sind die unüberschreitbaren
Existenzbedingungen, die mit unerbittlichem Druck den
Armen zur Monogamie zwingen. Es ist die Einehe aus
bittrer Not, wie sie noch heutigentags in vielen Ländern
zu beobachten ist, die im übrigen die Polygamie ohne jede
Einschränkung gestatten. Davon aber abgesehen ist die
Monogamie — ganz verschwindende Ausnahmen nicht gerechnet — erst das Produkt hochgesteigerter Kultur, genau
ebenso wie die Elternverwandtschaft, nach welcher das
Kind sowohl dem mütterlichen, wie dem väterlichen Geschlecht angehört, eine Errungenschaft fortgeschrittener Gesittung und Erkenntnis ist. Erst jetzt erlangt das junge
Leben den Schutz und die Obhut, die ihm gebührt, erst
jetzt entwickelt sich auch für die frühesten Lebensjahre das
unantastbare Recht der individuellen Persönlichkeit, von
der frühere Perioden nichts ahnten.

Überblickt man von dieser Perspektive diese ganze
Entwicklung, so ist es ein charakteristischer Grundzug, der

uns überall entgegentritt, es ist die Herausbildung des Individuums aus ursprünglich mehr oder weniger kommunistischen Zuständen. Wir sehen hierbei wiederum von der heiklen Frage einer legalen und zwangsweise geforderten Promiscuität ab, aber jedenfalls ist die Thatsache der früher besprochenen Gruppenehen nicht zu bestreiten. Dazu kommt die sonstige kommunistische Anlage und Struktur der primitiven Geschlechtsgenossenschaften betreffs des Vermögens, Eigentums, der Vergehen u. s. w., so dafs man wohl Post zustimmen kann, wenn er sagt: „In den primitivsten, auf Blutsverwandtschaft gestützten ethnisch-morphologischen Verbänden giebt es überall kein individuelles Recht und keine individuelle Pflicht. Man findet] hier weder ein individuelles Verbrechen, noch eine individuelle Schuld, weder ein individuelles Eigentum, noch eine individuelle Ehe oder Vaterschaft. Vielmehr ist der Verband selbst, das Geschlecht oder der Stamm als Ganzes hier alleiniges Rechtssubjekt; er allein hat Rechte und Pflichten, und zwar nach Analogie der heutigen völkerrechtlichen Rechte und Pflichten. Alles, was gegen einen einzelnen Blutsfreund gerichtet ist, gilt als gegen die ganze Blutsfreundschaft gerichtet. Alles, was ein Blutsfreund gegen den Genossen eines anderen Stammes thut, gilt als von der ganzen Blutsfreundschaft des Thäters gethan. Alles Eigentum ist lediglich Stammeseigentum, alle Schuld Stammesschuld. Die Weiber und Kinder gelten ebenfalls als Gemeingut des Stammes. Die Geschichte der Entwicklung der heutigen individuellen Persönlichkeit aus dem Kommunismus der primitiven Blutsfreundschaften ist die Geschichte der natürlichen Person. Sie scheidet sich erst ganz allmählich infolge der Entwicklungsgeschichte der ethnisch-morphologischen Bildungen aus den auf Blutsverwandtschaft gestützten organischen Verbänden ab, und erst in hochentwickelten staatlichen Bildungen kommt sie zu vollem Ausdruck. Der im Staate zur Erscheinung gelangende Gesamtwille der ethnisch-morphologischen Bildungen eines bestimmten ethnographischen Gebietes giebt dem einzelnen einen bestimmten Spielraum für die Entfaltung seiner Persönlichkeit und gleichzeitig bestimmte Grenzen, deren Überschreitung als Rechtsbruch, als ein Eingriff in die anderen Individuen gewährleistete Sphäre oder als ein Angriff gegen die ethnisch-morphologischen Bildungen angesehen wird, aus denen sich der Staat zusammensetzt. Dadurch entstehen erst individuelle Rechte und Pflichten, damit wird erst der einzelne Mensch zu einem Rechtssubjekt" (Bausteine für eine allgemeine Rechtswissenschaft I, 74)[1]. Das gilt auch in vollem Umfang von der Geschichte der Ehe und Verwandtschaft; auch hier sind es anfänglich Gruppen und Klassen von Personen, die mit einander in Beziehung treten, und ebenso schliefsen sich, wie ja schon erörtert, die Kinder den entsprechenden Verbänden und Associationen an, nicht den einzelnen Individuen, an die sie die unmittelbare leibliche Abstammung kettet. Und wie aus diesem Chaos erst im langsamen Prozefs die einzelne, rechtlich und sittlich verantwortliche Persönlichkeit, wie wir sie heutzutage kennen, sich emporringt, so auch, wie Giraud-Teulon ganz treffend bemerkt, die Familie. Sie existiert nicht a priori — wenigstens nicht in der Gestalt, wie wir hinzufügen können, die wir kennen und als die normale und einzig berechtigte hinzustellen belieben —, sondern sie entwickelt sich stets aus höchst primitiven Ansätzen zu weiterer Vervollkommnung.

Endlich bedarf noch ein Punkt, ehe wir diesen Überblick schliefsen, der Erwähnung, das ist die Beziehung der Religion zur Ehe. Gewifs hat für die moderne Auffassung die christliche Lehre des Sakraments, vor allem in der katholischen Kirche, wo die Ehe als unlösbar gilt, einen sehr bestimmenden Einflufs ausgeübt, die Monogamie wurde damit zur einzig erlaubten, weil religiös geheiligten Eheform

---

[1] Vgl. dazu die ähnliche Ausführung bei Giraud-Teulon S. 281 ff., der geradezu die Tendenz zur Individualisierung das beherrschende Gesetz der Entwicklung nennt.

und mit ihr auch die Monogynie. Die Erhebung der Ehe
zum Sakrament rief die Überzeugung hervor, dafs die
lebenslängliche Verbindung eines Mannes und einer Frau
unter allen Umständen die einzig nicht ungesetzliche Form
des Geschlechtsverkehrs sei, und diese Überzeugung hat
die Kraft einer intuitiven sittlichen Überzeugung erlangt,
wie Hellwald sich ausdrückt (Familie S. 554). Aber man
würde doch irre gehen, wenn man nur vom Christentum
diese Einwirkung ableiten wollte; vielmehr weisen uns viele
bedeutsame Rudimente, die völlig jenseits der Sphäre christ-
licher Dogmen liegen, darauf hin, dafs für die Entwicklung
der Ehe auch sonst mythologische und religiöse Vorstellungen ganz allgemeiner Art mit in Betracht kommen.
Dahin gehören die vielfachen Festlichkeiten, bei denen die
Priester nach vorgeschriebenem Ritus feierliche Opfer ver-
richteten, wie wir sie fast überall sowohl bei den eigentlichen Naturvölkern, wie bei den Nationen vorgeschrittener
Bildung und Gesittung antreffen. Die Vertreibung böser
Geister, das Anrufen hülfreicher Gottheiten, das Umwandeln
des Herdes (wo die schirmenden Hausgötter ihren Sitz
hatten), die umständlichen Auspicien, nach deren Ausfall
erst die Ehe geschlossen wurde, endlich die Hochzeit selbst
in ihren verschiedenen Stadien, das gemeinsame Geniefsen
eines Mahles und eines Trankes u. s. w., alle diese Bräuche
und Vorstellungen (vgl. übrigens Lippert, Kulturgesch. II,
140 ff.) zeigen offenbar einen weiten religiösen Hintergrund.
Trotzdem aber würde es verfehlt sein, überall auf den einzelnen Stufen der socialen Entwicklung jedesmal nach besonderen religiösen Faktoren zu suchen; vielmehr sind hier,
abgesehen von ganz besonderen Erscheinungen, wie z. B.
denjenigen Gebräuchen, die unmittelbar mit dem Kult und
religiösen Vorstellungen zusammenhängen, wie z. B. die
Tempelprostitution, in der Hauptsache nur sociale Gründe
mafsgebend, wie es ja auch gar nicht anders sein kann.
Handelt es sich doch immer um Änderungen in der Struktur der menschlichen Gesellschaft, die eben durch den

Charakter dieser Organisation selbst bedingt sind; daſs
auſserdem noch, je nach den Umständen verschieden, sittliche und religiöse Ideen mit ins Spiel kommen, ist selbstverständlich und bedarf für die Zeiten prähistorischer Entwicklung um so weniger ausdrücklicher Hervorhebung, weil
hier noch die einzelnen Gebiete des geistigen Lebens nicht
so scharf voneinander gesondert sind, wie wir das nach
unserem Maſsstab zu erwarten gewohnt sind.